Michael von Känel

Band 6

Die Wirkung von Mode auf unsere Selbstachtung

Wie Mode uns beeinflusst und fremdbestimmt

Teil 6 von 10

aus der Serie «Die Wirkung von…»

Copyright und Layout:

Michael von Känel, BE/Schweiz

Inhalt

1 Einleitung

Mode! Wer etwas auf sich hält, der geht mit der Mode! Denn Mode gibt uns die Möglichkeit, über unser Äusseres von unserem Inneren abzulenken. Wir können so die Aufmerksamkeit anderer auf uns ziehen, und zwar auf das, was wir kontrollieren und bei Bedarf anpassen können. Und sogar uns selbst gelingt es über Mode, unsere inneren Konflikte zu verdrängen, indem wir immer wieder neue Kleider, Schuhe, Kosmetika und Accessoires kaufen und uns damit von dem, was wir aufzuarbeiten hätten, ablenken.

Aber das ist nur die eine Seite der Mode. Die andere Seite wirkt auf denjenigen, der nicht genug Geld hat, wie ein Fluch. Es ist die Tatsache, dass die Mode noch die besten und funktionellsten Kleidungsstücke innert Jahresfrist zu Lumpen verkommen lässt.

Der Autor hat vor über zwanzig Jahren seiner damaligen Freundin eine wirklich teure Outdoor-Jacke zum Geburtstag geschenkt. Diese Jacke war damals von der Marke, von der Farbe und von der Funktionalität her der letzte Schrei. Man konnte sie im Winter als Ski Jacke benutzen und im Sommer als Sport, Freizeit und Regenjacke. Und auf der Skipiste war sie ein

Hingucker. Dieses helle, ins Gelb führende Orange stach alle anderen Farben aus.

Aber bereits im nächsten Winter wirkte dieses Orange irgendwie schmutzig im Vergleich zu den anderen Farben, die eben neu in Mode waren und das Alte verdrängten. Und selbst der Schnitt der Jacke schien bieder im Vergleich zu den neuen, enganliegenden Schnitten. Und so trug die Freundin diese teure Jacke kaum mehr.

Nach über zwanzig Jahren aber, durfte der Autor feststellen, dass die Mode sich so weit gewandelt hatte, dass genau diese Farbe wieder im Trend war. Die Jacke durfte einen zweiten Frühling erleben. Und weil sie in Zwischenzeit einzigartig geworden war, hatte sie das Zeug zum Kultstatus: Teuer, modisch, exklusiv, funktionell und schwer erhältlich.

Hey, aber es war immer noch eine normale Jacke!

Wenn der Autor ein Buch schreibt zum Thema Mode, dann deshalb, weil Mode etwas ist, was uns tagtäglich begleitet und ablenkt, was uns aber an und für sich nicht oder nur schlecht bekommt. Mode findet im Aussen statt und hinterlässt Verunsicherung und Verletzung im Innen. Mode gibt dem Wohlhabenden die Möglichkeit, sich gegen den Pöbel abzuheben. Und vor allem: Mode lässt die Menschen immer wieder Neues von all dem kaufen, was sie eigentlich schon haben. Mode ist also eine Erfüllungsgehilfin des Kapitalismus und eine Drahtzieherin unserer Wegwerfgesellschaft.

Was wäre, wenn die Gesellschaft die fiesen Tricks der Mode durchschauen würde und dieses Spiel nicht mehr mitspielte?

So weit wird es nicht kommen. Aber für die interessierten Leserinnen und Leser versucht der Autor dennoch in diesem Büchlein das Thema Mode zu durchleuchten und ihre Wirkung auf uns Menschen zu erklären. Wer weiss, vielleicht findet jemand über die Lektüre zu seiner Selbstsicherheit und auf seinen eigenen Lebensweg. Denn Mode kann nur existieren, wenn der Mainstream es erlaubt. Und wer das Glück finden will, der sollte dann links gehen, wenn alle anderen rechts gehen.

Also, sich gegen den Einfluss der Mode behaupten zu lernen hilft uns, uns selbst zu finden. Ein fairer Tausch, finden Sie nicht?

Gehen wir es an, indem wir zuerst das Wort «Mode» an sich untersuchen.

2   Das Wort «Mode»

Gemäss dem Wikiwörterbuch *Wiktionary* hat das Wort *Mode* drei Bedeutungen:

1. allgemein: Brauch, Gewohnheit und Sitte

2. Ein Lebensstil, der von einem Grossteil der Mitmenschen in einem eng abgegrenzten Zeitraum als vorbildlich, schick oder «in» empfunden wird und einem ständigen Wandlungsprozess unterliegt

3. Frisör, Kleidung: Art und Weise, sich zu kleiden oder sich zu frisieren, die einem gerade vorherrschenden bevorzugten Geschmack oder den vorherrschenden Überzeugungen entspricht.

Das Wort selbst wurde angeblich im 17. Jahrhundert von dem französischen Wort *mode* abgeleitet, welches wiederum vom lateinischen Wort *modus* abstammt, was eigentlich nichts anderes als *Art und Weise* bedeutet.

Das *Thesaurus Wörterbuch* nennt als Synonyme unter anderem folgende Begriffe: *Lifestyle, Zeitstil, Zeigeschmack, Zeitgeist oder Tagesgeschmack*

All diesen Angaben können wir entnehmen, dass es sich bei Mode um etwas handeln muss, was kurzlebig ist, was im Äusseren stattfindet und was mit Gefühlen und emotionalen Vorlieben der Menschen spielt.

Eng in Verbindung mit dem Wort *Mode* steht das Adjektiv *modern*. Dieses hängt mit dem Substantiv *Moderne* zusammen. Als Moderne betrachten wir eine Zeitepoche. Und was modern ist, stammt aus dieser Epoche – könnte man meinen. Aber während die Moderne je nach Definition bis heute andauert, ist schon lange nicht mehr modern, was sie anfänglich an Neuerungen mit sich gebracht hat. Und wenn wir uns dem verpflichten, was modern ist, was also dem momentanen Zeitgeschmack entspricht, so könnten wir keinen unsteteren und unzuverlässigeren Partner suchen, um uns auf ihn einzulassen.

Abgesehen davon ist es spannend zu beobachten, dass Menschen kaum Mühe haben, mit der Mode mitzugehen, sich aber sofort schwertun, wenn sie Gewohnheiten ablegen und sich Veränderungen hingeben sollten. Es scheint daher, dass Mode vielen Menschen hilft, über Veränderungen im Aussen die stetig einherschreitenden Veränderungen in ihrem Innern, in der Gesellschaft und in ihrer Umwelt zu verdrängen. Das geht auch recht einfach. Denn Mode kann man mit Geld steuern, kaufen, kontrollieren und beeinflussen. Veränderungen hingegen sind stur und eigenwillig. Man kann sich ihnen in den Weg stellen, aber man kann sie dennoch nicht aufhalten. Entsteht Mode womöglich aus dem Versuch von uns Menschen, die wirklichen Veränderungen aufhalten zu wollen, indem über Mode eine Scheinkontrolle übernommen wird über all die Veränderungen, die im Aussen wahrnehmbar sind? Können wir unserem Alterungsprozess zum Beispiel über Mode Einhalt gebieten?

Wenn dem so wäre, dann würden sich all diejenigen der Lächerlichkeit preisgeben, die daran glauben. Denn was im Äusseren stattfindet, ist in den allermeisten Fällen eine Illusion. Wahrheit, Freiheit und Liebe haben ihren Ursprung nämlich in der Unversehrtheit und Reinheit der Seele selbst. Und unsere Seele hat mit Äusserlichkeiten und Mode so ziemlich gar nichts am Hut.

Und so dürften wir erkennen, dass Mode und alles, was sie mit sich bringt, zu Tand wird, sobald wir sie im nüchternen Licht der Realität betrachten. Und wenn wir uns dann noch auf ihre Wirkung innerhalb unserer Gesellschaft beziehen, so dürfte klarwerden, dass Mode etwas ist, was beeinflussen soll, damit die Menschen sich so verhalten, wie es einer bestimmten dominierenden Interessengruppe kommod kommt. Wer über das Aussen abgelenkt wird, der kommt nicht auf die Idee, sich selbst und die Wunder seiner inneren Welten zu entdecken. Und wer dann Glück, Freude und Genugtuung im Aussen sucht, der neigt schnell dazu, sein Geld für Äusserlichkeiten auszugeben. Dies lässt das Geld nicht nur dorthin fliessen, wo Einflussnehmende es gerne haben, sondern es macht den konsumierenden Menschen auch zum Sklaven. Denn wer immer wieder Neues kaufen muss, braucht immer wieder Geld dafür. Und das Geld kommt aus Arbeit, also wirtschaftlicher Tätigkeit. Und immer, wenn jemand arbeitet, verdienen andere mit. Mode hat also innerhalb der Geldflüsse im kapitalistischen System eine grosse Bedeutung. Und darum ist es auch wichtig, dass es die Schönheit gibt! Denn Mode und Schönheit gehen Hand in Hand.

Dieser Schönheit widmen wir im Folgenden ein ganzes Kapitel. Aber wir werden einen Unterschied machen zwischen äusserer und innerer Schönheit.

3 Schön sein!

Schöne Leute, so sagt man, haben es einfacher im Leben. Wer das beobachtet, der wird dies bis zu einem gewissen Punkt bestätigt finden.

Aber daraus entstehen drei Fragen:

1. Woher kommt die Schönheit?

2. Ist diese Schönheit wahr oder ist sie eine Illusion?

3. WARUM haben es schöne Leute einfacher?

Der Autor wagt sich, diese Fragen auf seine Art zu beantworten zu versuchen. Fangen wir mit der ersten Frage an, die sich nach der Herkunft der Schönheit richtet:

Männer sollen anders wahrnehmen als Frauen. Das mag sein. Aber vielleicht legen Männer eben auch auf andere Dinge wert als Frauen. Und weil Männer sich gerne über Äusserlichkeiten aufspielen, um die Aufmerksamkeit auf sich zu ziehen, achten sie auf das, was andere schön finden. Aber nebst diesem Hang, den der Autor übrigens nicht auf alle Männer pauschalisieren will, unterliegen viele Männer auch ihrer Triebhaftigkeit. In der Natur kann sich bei vielen Tierarten der Stärkste und Schönste fortpflanzen. Und so kämpfen Hirsche um die Vormacht im Rudel, um zum

Platzhirsch zu werden. Der Pfau stellt sein Rad, um die Weibchen zu beeindrucken und darauf hinzuweisen, dass er schön, gesund, kräftig und darum von seinem Genpool her würdig als Vater ist. Und die Elstern staffieren ihr Nest mit glitzernden Dingen aus, um wohl ebenfalls zu beeindrucken. Aber welchen Nutzen haben diese vermeintlich «gestohlenen» Gegenstände?

Um nun auf die Männer zurückzukommen: Männer halten oft Ausschau nach einer schönen Frau, weil diese an ihrer Seite als eine Art Statussymbol anderen Männern gegenüber wirkt. Wenn andere Männer diese Frau auch attraktiv finden, so hebt das das Selbstwertgefühl desjenigen, der die Frau «die Seine» nennen darf. Was ist aber dann, wenn der Mann mit dieser schönen Frau zusammen ist und aufgrund der Gepflogenheiten unserer Gesellschaft sich nicht mehr damit bestätigen kann, eine neue hübsche Frau zu umwerben, um sich dadurch Selbstbestätigung zu verschaffen? Dann sucht er sich andere schöne Dinge, um andere damit zu beeindrucken. Das kann ein grosser Wagen, ein eigenes Haus oder das Pflegen eines Körperkultes sein. Und dann, wenn das auch vorbei ist, dann gibt der klassische Stereotyp Mann auf, wird mit Bier und Chips vor dem Fernseher fett und gibt sich nur noch mit Seinesgleichen ab.

Kann es sein, dass viele Männer tendenziell eher auf äussere Schönheit achten?

Es kommt vor, dass Männer die Frage stellen, was eine schöne Frau an dem Partner findet, mit dem sie zusammen ist. Denn dieser Partner entspricht überhaupt nicht dem Schönheitsideal, das Männer von Männern haben. Könnte es daran liegen, dass diese hübsche Frau strohdumm ist, und darum keinen hübscheren Mann gefunden hat? Oder liegt es womöglich daran, dass diese schöne Frau auf andere Werte achtet als nur auf die äusserlichen?

Und so dringen wir langsam, aber sicher zur Antwort auf die erste Frage vor: Ist Schönheit rein äusserlich, oder gibt es auch eine Art innere Schönheit? Eine Schönheit, die sich im Wesen, also im Handeln, Fühlen und Denken eines Menschen abzeichnet? Eine Schönheit, die bewirkt, dass man gerne mit jemandem zusammen ist, egal wie dieser äusserlich aussieht?

Beim Märchen *Die Schöne und das Biest* vermag das Mädchen *Belle* das Monster zu lieben, obwohl dieses hässlich, bösartig und grob ist. Und durch die Liebe werden die guten

Seiten im verwunschenen Prinzen erweckt. Kann es sein, dass innere Schönheit so stark über Rechtschaffenheit, Liebe und Tugend zu wirken vermag, dass sie Einfluss auf das äussere Erscheinungsbild eines Menschen auswirken kann?

Nun, langer Rede kurzer Sinn: Der Autor geht davon aus, dass äussere Schönheit karmisch gegeben ist. Diese äussere Schönheit verliert sich aber mit zunehmendem Alter, sofern ein Mensch nicht an seinen inneren Werten arbeitet. Im Gegensatz dazu kann ein äusserlich weniger hübsch wirkender Mensch über Charakterbildung und positive Persönlichkeitsentwicklung innere Schönheit erlangen, die stark nach aussen ausstrahlt und mit der Zeit sogar im Aussen sichtbar wird.

Haben Sie auch schon Menschen getroffen, bei denen Sie gerne verweilt hätten, obschon Sie diese Person nicht gekannt haben und sie äusserlich auch nicht besonders attraktiv fanden? War diese Person womöglich sogar alt, aber trug in ihren Augen dieses unvergessliche Leuchten und strahlte eine Anmut aus, die unvergänglich zu sein schien?

Kann solche Art von Schönheit jemals ausser Mode geraten?

Darum ist sich der Autor ziemlich sicher, dass wahre Schönheit göttlichen Ursprungs ist, und dass sich diese über die Seele eines Menschen und seine Art, wie er sein Leben lebt, in unserer Welt manifestieren darf. Und weil der Autor so denkt, findet er zwar Schönes schön, aber nur, wenn hinter dieser Schönheit mehr ist als nur Schein und Oberflächlichkeit.

Ist es die Lebenserfahrung, die einem erkennen lässt, was echt und was nur Makeup ist?

***

Bevor er weiterfährt, möchte der Autor noch gewisse Aussagen, die er zum Beantworten der ersten Frage zu Hilfe gezogen hat, relativieren und ins richtige Licht rücken: Nicht alle Männer sind oberflächlich und neigen zur Triebhaftigkeit. Und nicht alle Frauen achten nur auf innere Schönheit. Es gibt so viele Neigungen und Verhaltensweisen, wie es individuelle Menschen gibt. Und jeder Mensch kann sich ändern. Darum hat der Autor nur stereotypische Bilder angewandt, und keine konkreten Bezüge beabsichtigt. Und jeder Mensch hat eine Schwäche, was seine Vorlieben betrifft; und auch jeder Mensch reagiert anfänglich eher oberflächlich und fällt so auf Äusserlichkeiten herein, bis er seine Erfahrungen gemacht hat und seine Lektionen lernen konnte. Ausserdem ist Schönheit relativ und jede und jeder darf das schön finden, was sie oder er als das empfindet. Wenn sich Intellektuelle anders ausrichten als einfacher denkende Menschen, dann heisst dies noch lange nicht, dass die eine Schönheit die wahre und die andere die falsche ist.

***

Kommen wir zur Antwort auf die zweite Frage, nämlich ob Schönheit wahr ist, oder ob es sich nur um eine Illusion handelt:

Wenn man die Schönheitsideale verschiedener Kulturen und Zeitepochen miteinander vergleicht, so fällt auf, dass es viele Unterschiede gibt. Scheinbar ist Schönheit nicht klar und absolut definierbar. Sie hängt mit den Gewohnheiten, Vorlieben und Neigungen derer zusammen, die zusammen eine Gemeinschaft bilden. Und abgesehen davon gibt es noch die ganz individuellen Ansichten, was schön sei und was nicht.

Nun ist es so, dass bestimmte Arten von Schönheit leichter beeinflussbar sind als andere. Einem weiblichen Busen kann zum Beispiel über eine Schönheitsoperation eine andere Form und ein anderes Aussehen gegeben werden. Das macht für die einen attraktiv, stösst hingegen andere eher ab. Aber hat so etwas denn überhaupt mit Schönheit zu tun? Was ist das für ein Typ von Mensch, der lieber mit einer Frau mit prallen Brüsten zusammen ist?

Wenn über Kleidung, Schminke, Schönheitschirurgie, Schmuck oder Parfum an der Fassade gearbeitet wird, dann ist das innere des Hauses noch lange nicht sauber, ordentlich und geborgenheitsvermittelnd. Im Gegensatz dazu kann in einem kleinen, unscheinbaren Häuschen ein Lichtlein brennen, welches das verströmt, was jeder von uns sich in seinem tiefsten Herzen wünscht. Und darum wagt der Autor die zweite Frage abschliessend zu beantworten, indem er sagt, dass wahre Schönheit von innen kommt, während äussere Schönheit sehr oft eine bewusst herbeigeführte Täuschung darstellt.

Wahre Schönheit hat mit Leichtigkeit, Unschuld, gutem Charakter und Nächstenliebe zu tun. Währenddessen äussere Schönheit alles ver- und überdecken kann.

Kommen wir noch zu der dritten Frage, wo gefragt wird, WARUM es schöne Menschen einfacher haben:

Es ist zwar traurig, aber man kann es wohl kurz machen: Weil die meisten Menschen mehr auf Oberflächlichkeiten achten als auf wahre, innere Werte.

Aber wer dazu tendiert, auf Äusserlichkeiten und Oberflächlichkeiten zu achten und zu reagieren, der läuft eben auch Gefahr, dass er getäuscht wird. Denn es gibt Menschen, die absichtlich eine Maske tragen, um sich dadurch einen Vorteil zu verschaffen – und auch, weil sie von ihrem wahren Ich ablenken oder dieses gar verstecken wollen.

Und weil Schönheitsideale, Mode und Oberflächlichkeiten in der heutigen Zeit so stark heraufstilisiert werden, fühlen sich viele Menschen sogar dazu genötigt, sich anders zu geben, als sie eigentlich wären. Und dies wiederum führt dazu, dass auch andere meinen, sie dürften nicht so sein, wie sie eigentlich sind. Und weil schöne Menschen es besser haben als vermeintlich normale Menschen, legen viele Menschen Wert auf Äusserlichkeiten und tragen damit dazu bei, dass unsere Gesellschaft zu einem riesigen Maskenball wird, wo alles in der Illusion der oberflächlichen Schönheit surreal wird und zu einem grossen Theaterstück des Lebens verkommt.

Diesem Maskenball wollen wir ein Kapitel zugestehen, auf dass Maskenträger entlarvt und wahre Schönheit erblühen kann…

4   Der Maskenball

Wer zaubert all die Masken, die da auf dem alltäglichen Ball unseres Gesellschaftssystems getragen werden? Und was wird dafür verlangt?

Hören Sie auch gleich Rumpelstilzchen fragen: *«Was gibst du mir, wenn ich dir das Stroh zu Gold spinne?»*

Und wir, was tun wir? Wir sind noch zu feige, dem kleinen Betrüger unsere eigene Seele für seine oberflächlichen Tricksereien herzugeben und versprechen ihm stattdessen die Seele unseres ungeborenen Kindes…

Nun, lassen wir die Symbolik und fragen wir uns, warum alle in diesem Maskenball mitspielen:

Was passiert mit jemandem, der in unserer Gesellschaft frei von der Leber weg sagt, was er denkt, tut, was er will, und seinen eigenen Weg geht, ohne auf gesellschaftliche Gepflogenheiten und Normen Rücksicht zu nehmen?

Er wird ziemlich rasch zum Einzelgänger, zum Freak oder zum Fantasten. Und wer von den anderen zu so etwas gemacht wird, der verliert Anerkennung, Wertschätzung und die Gunst der andern. Das führt zu grossem innerlichen Schmerz, der nur für die wenigsten unter uns erträglich ist. Und um diesen Schmerz nicht ertragen zu müssen, ziehen es viele vor, eine Maske zu tragen und allen anderen etwas vorzuspielen, um nicht Gefahr zu laufen, zum Aussenseiter abgestempelt zu werden.

Wer dieses Verhalten psychologisch betrachtet, der stellt fest, dass viele Menschen ein Problem mit ihrem Selbstwertgefühl haben. Das macht sie unsicher und von andern abhängig. Und tatsächlich ist unsere Gesellschaft oberflächlich geworden wie noch nie in ihrer Geschichte. Wie viele Likes werden täglich auf Social Media vergeben? Und was tun Menschen nicht alles, um diese Likes zu erhalten?

Alles, was man tut, um Likes zu erhalten, findet im Aussen statt und ist oberflächlich. Es findet also alles im Rahmen des Maskenballs statt. Auf diesem Ball darf nur mittanzen, wer die Kleidungsvorschriften einhält. Wer nicht bereit ist, eine Maske zu tragen, der findet schon gar nicht erst Einlass. Und so fangen bereits Kinder früh an, ihr wahres Ich wegzusperren und stattdessen an einer Maske herumzubasteln, die sie womöglich ihr Leben lang immer wieder anpassen, modernisieren und verbessern, aber nie mehr ablegen werden. Und weil selbst der Maskenträger nur Beachtung und Ansehen erhält, wenn seine Maske aus allen anderen hervorsticht, wird sogar der Maskenball zu einem Maskenball. Denn eine Maske genügt oft nicht mehr, um in der ersten Reihe mittanzen zu dürfen. Und so wird eine zweite oder gar eine dritte Maske über die erste angezogen. Und manchmal tanzt dann der Maskenträger mit seiner ersten Maske, an anderen Orten mit der zweiten, und dort wo es wirklich ums Eingemachte geht, zieht er seine dritte Maske an. Und weil es so anstrengend ist, immer wieder am richtigen Ort die richtige Maske zu tragen, verlieren viele Menschen sich im aussen und finden nicht mehr zurück zu sich selbst, zurück zu ihrem wahren Ich, das nur bestehen kann, wenn es sich bewusst ist, dass es eigentlich Seele und nicht Mensch, Maske oder Körper ist.

Mode wird sehr oft zur Maske, die wir anziehen, damit wir mittanzen dürfen. Aber wir sollten niemals vergessen, dass es nebst dem grossen, offiziellen Maskenball unserer Gesellschaft auch viel Orte und Nischen gibt, wo ohne Maske getanzt wird und getanzt werden darf. Dort ist man so recht, wie man ist. Und man darf so sein, wie man tief in seinem Herz fühlt, dass es richtig ist.

Warum aber wollen alle auf dem offiziellen Maskenball mittanzen? Weil sie gar nicht wissen, dass es auch noch andere Veranstaltungen gäbe? Oder weil sie vergessen haben, dass man bei Mutter Natur jederzeit so willkommen ist, wie die Schöpfung einen erschaffen hat? Oder weil absichtlich der offizielle Maskenball so promotet wird, dass alles andere neben ihm als wertlos erscheint? Wer könnte ein Interesse daran haben, dass wir so denken? Und wer profitiert davon, dass wir uns hinter Masken verstecken und im Mainstream mitmischen, auf dass man uns nicht als einzigartiges Wesen der Schöpfung zu erkennen vermag?

Vielleicht müssen wir uns, um solche Fragen beantworten zu können, mal der Tatsache stellen, DASS wir uns verstecken.

5 Sich selbst verstecken

Der einzelne Fisch lebt in einem Schwarm anderer Fische, damit das Risiko für ihn kleiner ist, beim Angriff eines Raubfisches gefressen zu werden. Und bei manchen Fischarten ist es so, dass der einzelne Fisch, wenn er dann mal grösser ist, selbst anfängt, andere Fische zu fressen.

Es gibt aber auch Fische, die als Einzelgänger leben. Und es gibt solche, die zuerst in einem Schwarm leben und dann ihren eigenen Weg gehen – während ihre Artgenossen ein Leben lang in Schwarm mitschwimmen.

Und wir? Schwimmen wir auch irgendwo mit, um nicht gefressen zu werden? Greifen wir auch an, sobald wir die Möglichkeit dazu erhalten? Oder gehören wir eher zu den Aparten, vielleicht sogar zu den Einzelgängern? Wo sehen wir uns, und welche Art zu leben wünschen wir uns?

Sicher ist, dass das Leben im Schwarm auf Kosten des Individualismus geht. Und oft kann in der Gesellschaft beobachtet werden, dass junge Menschen sich in Gruppen aufhalten und bewegen, während mit zunehmendem Alter die Menschen vermehrt ihren eigenen Weg anfangen zu gehen. Hängt das mit zunehmender Selbstsicherheit zusammen? Oder haben die

Einzelgänger gemerkt, dass der Schwarm sie weder schützt, noch dass er ihnen hilft glücklich zu werden?

Aber warum nur haben wir das Bedürfnis, uns zu verstecken?

Nun, manche haben überhaupt nicht das Bedürfnis, sich zu verstecken. Sie geniessen das Bad in der Menge. Und sie geniessen es auch, als Paradiesvogel im Rampenlicht zu stehen. Aber spielen sie da womöglich nur eine Rolle?

Wer einem solchen Paradiesvogel dann, wenn das Rampenlicht erloschen ist, tief in die Augen schaut, der wird sehr oft erkennen, dass auch in diesem Wesen eine starke Unsicherheit herrscht. Eine Unsicherheit, die in der Öffentlichkeit überdeckt wird, indem eine Maske angezogen wird. Die Maske besteht aus der Rolle des Paradiesvogels, die gespielt wird – meist um Bewunderung dafür zu erhalten, dass man sich nicht zu verstecken brauche, so wie alle andern. Aber eben nur solange man sich im Schutze der Verkleidung bewegen kann, die die Rolle des Paradiesvogels einem bietet.

Aber warum nur verstecken wir uns?

Woher kommt diese Unsicherheit, die sofort in uns aufflammt, sobald wir uns aus der schweigenden oder grölenden Menge herauslösen und für uns selbst Stellung beziehen müssen?

Wenn wir die Antwort auf diese Frage finden, so werden wir auch immun gegen den Einfluss, der Mode auf uns hat.

Wir verstecken uns wohl deshalb, weil wir uns vor dem fürchten, was wir werden könnten, wenn wir auf unsere individuellen Gaben und Fähigkeiten setzen würden. Und wir fürchten uns davor, was mit uns geschehen wird, wenn wir unser eigenes Leben leben und auf unsere individuellen Gaben und Fähigkeiten abstellen.

Wäre es nicht wunderbar, so sein zu dürfen, wie man ist, und dabei immer wieder neue persönliche Eigenheiten entdecken zu dürfen, die uns erfüllen und uns weiterbringen?

Leute, die Bücher wie dieses hier lesen, die befinden sich sehr oft im Zwiespalt zwischen Verstecken und dem Schritt in die persönliche Freiheit, indem sie sich selbst entdecken lernen. Dieser Schritt wagt aber nur, wer genügend selbstsicher ist und an sich zu glauben wagt. Und wagen tut sich nur, wer sein eigenes Ego entlarvt hat; wer also Rumpelstilzchen beim Namen nennen konnte und nicht mehr auf seine fiesen Tricks, Angebote und Sabotagen hereinfällt.

Wir verstecken uns, weil ein Teil von uns, bekannt als unser Ego, nicht will, dass wir uns selbst werden können. Denn wer selbstsicher ist und so immer wieder positive Erfahrungen macht, der kann vom Ego nicht mehr über Angst, Hemmungen, Scham oder Beklemmung dazu gebracht werden, sich selbst unter den Scheffel zu stellen und sich so zu verhalten, dass nur ein Leben im Schwarm möglich ist – weil man sonst von Räubern gejagt und zum Frühstück verspeist wird.

Wer müde ist, sich ständig verstecken zu müssen, der muss sich mit seinem Ego befassen. Und das geht am einfachsten, indem man sich mit sich selbst beschäftigt und all dem, was einen einzigartig macht. Um dies tun zu können, muss man sich zwangsläufig aus dem Schwarm herauslösen. Das heisst, man muss den Mainstream verlassen und somit auch gesellschaftlichen Erscheinungen wie Mode, Glanz und Glamour entsagen.

Aber das ist für die meisten von uns ein grosser Schritt, um nicht sogar zu sagen, ein *Sprung des Glaubens*…

Um diesen Schritt vorzubereiten, wollen wir im nächsten Kapitel mal die Frage stellen, warum wir überhaupt Kleidung tragen.

6 Warum nicht nackt?

Weshalb gehen wir nicht nackt durch unser Leben?

Natürlich, weil wir frieren würden! Oder weil es unpraktisch wäre, wenn Kleidung uns nicht vor Regen, vor Dornengestrüpp oder vor Sonnenbrand schützen würde.

Aber es ist ja nicht immer so kalt, dass wir frieren. Und die Sonne brennt nicht ständig erbarmungslos auf uns nieder, genau so wenig wie nicht überall Dornbüsche wachsen, dort wo wir durchgehen.

Warum also gehen wir nicht nackt umher?

Weil wir uns sonst schämen müssten!

Aber woher kommt diese Scham, die wir empfinden, wenn wir nackt sind? Immerhin haben wir das Adamskleid und das Evakostüm von der Schöpfung selbst erhalten. Was kann also falsch daran sein? Gibt es Tiere, die Scham empfinden und daher Kleidung anziehen? Schämen wir uns, weil wir in den Apfel der Erkenntnis gebissen haben?

Der Autor hat festgestellt, dass die Tendenz besteht, dass stark religiös erzogenen Menschen mehr Mühe damit bekunden, sich nackt auszuziehen und so zum Beispiel eine Sauna zu besuchen. Hat Scham mit Religion zu tun?

Wohl kaum! Scham hat eher mit den Absichten derer zu tun, die nicht wollen, dass wir uns so schätzen und mögen, wie wir in Wirklichkeit sind. Und manche missbrauchen die Religion, um aus ihr Gründe abzuleiten, die Nacktheit verteufeln und Scham erwachsen lassen.

Gehen wir es darum mal offen und ehrlich an: Ein Mensch, der kein Problem damit hat, sich nackt zu bewegen, der hat meistens auch kein Problem damit, seine Sexualität frei auszuleben und geniessen zu können. Beides vermittelt ein Gefühl von Freiheit und Glück. Was gibt es Schöneres, als sich dem Genuss des Genusses vollumfänglich und ohne Einschränkungen hingeben zu können?

Hätte Gott dem Menschen das Geschenk der Sexualität gemacht, wenn er diese als etwas Schlechtes betrachten würde?

Nein, Scham und Hemmungen kommen von den Menschen, nicht vom Himmel oder aus der Hölle. Und indem man Menschen verunsichert, indem man ihnen ihre Natürlichkeit wegnimmt, indem man ihnen Schönes verbietet und sie in ihren Freiheiten einschränkt, macht man sich Menschen gefügig. Menschen, die gefügig sind, kann man führen, ausnutzen und manipulieren.

Und je wichtiger Kleidung in der Entwicklung der Menschheit wurde, je mehr wurden Menschen in ihrer Freiheit als eigenständige Individuen eingeschränkt und zu Fremdzwecken missbraucht.

Dient Mode dazu, um von diesem Kleiderzwang, der indirekt zu Missbrauch und Freiheitsberaubung führen kann, abzulenken?

Mancherorts gilt es als unschicklich, wenn eine Mutter ihrem Kind in der Öffentlichkeit die Brust gibt. Und dies, obwohl jeder, der sich daran stört, selbst von seiner Mutter auf diese Weise gestillt wurde – hoffentlich.

Wo sind wir? Wie weit sind wir gekommen, dass die natürlichsten Dinge der Welt nicht sein dürfen?

Die Vermutung liegt nahe, dass gewisse Kreise um jeden Preis verhindern wollen, dass wir erkennen, wer wir wirklich sind. Und weil sich mit Nacktheit keine Kleider verkaufen lassen, und weil jemand, der problemlos nackt hinstehen kann, nicht mit der Mode zu gehen braucht, ist es auch für die Kassen besser, wenn Scham und Hemmungen möglichst jedem einzelnen Menschen weltweit den Zwang auferlegen, Kleidung kaufen und tragen zu müssen.

Was wäre, wenn Soldaten anstatt in Uniformen gekleidet nackt in Reih und Glied auf dem Kasernenplatz Formation annehmen würden? Und was wäre mit dem Kommandanten, der ebenfalls nackt vor der Truppe seine Kommandos geben würde?

Kleidung hilft also nicht nur, um Menschen dazu zu bringen, sich selbst über ihre Scham und Hemmungen einzuschränken. Nein, sie hilft auch gewisse unnatürliche Lebens- und Verhaltensweisen zu ermöglichen. Jede Form von Hierarchie hätte es schwer sich durchzusetzen, wenn nicht Uniformen, Anzüge und Krawatten falsche Selbstsicherheit vermitteln würden. Kleider können entweder alle gleichmachen, so etwa Uniformen. Sie können aber auch von andern abheben, wie wir es von teuren Anzügen, Gradabzeichen oder extravaganter Mode her kennen.

Wenn es die Erkenntnis ist, die einen Menschen dazu veranlasst, sich zu kleiden, dann ist das eine komische Erkenntnis. Der Autor wagt sogar zu behaupten, dass da etwas verdreht wurde. Denn wahre Erkenntnis wäre doch, wenn ein Mensch erkennen kann, dass er sich nicht zu kleiden braucht, um genau so richtig zu sein, wie er ist. Könnte es also sein, dass man uns da über Jahrtausende bereits etwas Falsches einredet? Sind diejenigen, die uns das Falsche einreden womöglich die Gleichen wie die, die uns gesagt haben, wir sollen uns vor Hexen fürchten, und nicht vor denen, die Hexen bei lebendigem Leibe verbrennen...?

Der Autor will nicht für Nudismus kämpfen. Er selbst empfindet es als ganz angenehm, Kleidung tragen zu dürfen. Oft auch aus praktischen und hygienischen Aspekten. Aber er weiss auch, wie angenehm es ist, wenn man sich nicht wegen Dingen, die uns alle gleichmachen, zu schämen braucht. Nacktheit macht uns alle gleich. Und darum sollten wir uns ihr hin und wieder hingeben. Was ist denn, wenn wir uns sogar vor unseren eigenen Kindern verstecken müssen, damit uns diese nicht nackt sehen?

Nackt sein zu dürfen trägt dazu bei, Selbstsicherheit aufzubauen. Wer aber immer wieder auf Schicklichkeit und Gepflogenheit hingewiesen, oder sogar für Freizügigkeit getadelt wird, der wird derart verunsichert, dass er ein Leben lang damit zu kämpfen hat. Wie soll ein kleines Kind denn einen Tadel einordnen, wenn es gerne nackt umherrennt und sich dabei so verhält, wie sich unbeschwerte Kinder eben verhalten?

Unsere Welt wäre wohl etwas friedlicher, wenn weniger auf Kleidungsfassade, sondern auf das, was da wirklich ist, Wert gelegt würde.

Aber all das sind nur Gedankenspielereien. Wichtig für uns ist, dass wir über die Wirkung von Kleidung nachdenken. Und dass wir Nacktheit als etwas Natürliches betrachten können. Alles andere spielt eine untergeordnete Rolle. Und selbst Sexualität ist nicht etwas, worüber man redet. Es ist etwas, was man macht. Nur so bleibt sie das, was sie ist: etwas Natürliches, Schönes und Unangreifbares.

***

Wir haben all diese Gedankenkreise über Nacktheit und Natürlichkeit gezogen, weil wir uns mit dem Thema Mode befassen. Mode und Nacktheit vertragen sich nur bedingt. Denn abgesehen von Schmuck und Tattoos ist ein nackter Körper der Schönheitsindustrie nur bedingt dienlich. Zwar zeigen durchtrainierte Menschen gerne viel Haut, damit sie Bewunderung ernten können für ihre Mühen, die sie in den modernen Folterkammern – auch genannt Fitnessstudios – erbringen. Und sicherlich ist auch die Fitness- und Wellnessindustrie ein Gebiet, wo Geld verdient werden kann. Aber Mode bringt viel mehr Geld ein, wenn man sie in Form von Kleidung und

Gegenständen kaufen kann, als wenn man sie sich unter dem Schweiss des eigenen Angesichts erarbeiten muss. Und so kommen wir zu einer weiteren bedeutenden Thematik in Bezug auf Mode, nämlich zum Materiellen, das sich im Aussen abspielt.

7 Das Aussen

Jeder Mensch hat ein Aussen und ein Innen. Auch alles andere hat ein Aussen und ein Innen. Das Aussen kann man leichter verändern und beeinflussen als das Innen. Denn beim Aussen kann man materielle Dinge und die Unterstützung anderer Menschen zu Hilfe ziehen, um es zu beeinflussen. Im Innern verändert sich aber immer nur etwas, wenn wir selbst uns darum bemühen. Niemand kann an unserem Charakter arbeiten ausser wir selbst. Und auch unsere Art zu denken und zu fühlen kann niemand verändern; mit einer einzigen Ausnahme! Wenn uns jemand liebt, so vermag er uns in unserem Innern zu verändern. Aber dies gelingt nur durch wahre Liebe. Und wahre Liebe ist selbstlos und daher unrentabel.

Unser Äusserliches ist das, was wir im Spiegel betrachten können. Und wir achten bei unserem Spiegelbild auf Frisur, Stil, Farbabstimmung der Kleidung, allenfalls noch auf unsere Haltung oder auf Posen. Aber schauen wir auch auf das Leuchten unserer Augen oder den Ausdruck unseres Lächelns? Klar kann man ein falsches Lächeln aufsetzen. Aber jemand, der echtes Lächeln zu schätzen weiss, wird ein falsches Lächeln sofort entlarven. Und auch wer Übung darin hat, jemandem in die Augen zu schauen, wird sich nicht über Kleidung,

Schmuck und Makeup täuschen lassen, wenn Traurigkeit den Glanz der Augen trübt.

Die Augen sind der Spiegel unserer Seele, sagt man. Und unser Lächeln bildet unser Inneres in unserem Aussen ab. Warum nur achten nicht mehr Menschen auf diese Schönheitsmerkmale? Und weshalb achtet niemand auf die Aura eines Menschen, die viel mehr über ihn aussagt als all die Mode, die am Körper hängt wie der Schmuck am Weihnachtsbaum?

In unserer Gesellschaft ist die Mehrheit der Menschen auf die Wahrnehmung des Oberflächlichen und Äusseren getrimmt. Und dies wohl deshalb, weil niemand gelernt hat, bei sich selbst innere Werte erkennen und schätzen zu lernen. Kein Wunder, wenn sich über Mode darum so viel Geld verdienen lässt. Denn alle Menschen kaufen, um ihr Aussen damit zu verschönern. Sie hoffen wohl unbewusst, dadurch das zu finden, wonach sie sich sehnen und was sie daher ständig suchen, wovon sie aber nicht wissen, worum es sich handelt.

Nun, unser Führungs-Ich sucht die ganze Zeit nach unserer Seele. Denn nur unsere Seele kann uns den Weg zeigen, der zu dem führt, wonach wir suchen. Aber das, was wir suchen, werden wir niemals im Aussen finden.

Leider wollen nur die Menschen, die sich selbst und andere Menschen wahrhaftig zu lieben vermögen, dass möglichst viele von uns das finden, was sie von ganzem Herzen aus ihrem Innersten heraus suchen. Alle anderen verdienen lieber Geld mit dieser Suche, um selbst damit dann wieder Äusserlichkeiten kaufen zu können, die die eigene Suche begünstigen sollen. Und so drehen sich die Menschen in einem ewigen Kreis, der alle miteinschliesst, die im Aussen das suchen, was nur im Innen gefunden werden kann. Und wo bleiben die, die im Innen zu suchen beginnen? Sie verschwinden nach und nach von der Bildfläche. Denn sie haben es nicht mehr nötig, sich über Äusserlichkeiten in Szene zu setzen. Sie fallen auch nicht mehr auf die Tricks der Werbung und der Mode herein. Sie gehen ihren weg; still, unscheinbar aber immer wie glücklicher.

Und wie schaffen sie das?

Wohl, indem sie sich vom Aussen lösen und das Innen zu entdecken beginnen.

8 Das Innen

Es kommt vor, dass Menschen, wenn sie sich nicht gut fühlen, sich etwas kaufen. Wie schön, wenn sie sich daran erfreuen können und es ihnen besser geht!

Tatsächlich haben die meisten von uns Gegenstände und Kleidungsstücke, die sie sehr mögen, und die ihnen sehr viel bedeuten.

Das kleine Kind möchte sein Kuscheltier nicht missen, denn es hat dieses wirklich sehr lieb! Wir möchten uns nicht von unserem Lieblingspulli trennen, weil er uns ans Herz gewachsen ist.

Aber was macht das Kuscheltier und den Lieblingspulli so wertvoll?

Es ist das, was der Mensch damit verbindet. Es ist das, was der Mensch aus seinem Innern heraus in den Gegenstand oder das Kleidungsstück hineingegeben hat, oder was er damit zusammen erlebt hat.

Wenn dem so ist, so kann man fast jeden Gegenstand zu etwas machen, was man mag und liebgewinnt. Man muss ihn einfach nur wertschätzen, so einfach!

Und so können wir auf einfache Art und Weise erkennen, wie simpel es ist, mit Hilfe unseres

Innenlebens unsere Welt wertvoll, lebenswert und gut zu machen. Wer auf sein Innen abstellt, der lernt Dinge wie Dankbarkeit, Wertschätzung, Nächstenliebe, Wahrheit und Freiheit kennen. Und solche absolute, unumstössliche Dinge, helfen immer und überall, Probleme zu lösen, das Blatt zu wenden und dem Guten Vorschub zu leisten.

Wenn alle Stricke reissen, so sind wir besser beraten, wenn wir auf innere Ressourcen zurückgreifen, als wenn wir im Aussen nach Hilfestellungen suchen. Aber das Vertrauen und den Glauben an unsere Inneren Schätze können wir nur aufbringen, wenn wir bereits gute Erfahrungen damit gemacht haben. Diese Erfahrungen können wir nicht machen, wenn wir uns ständig durch Äusserlichkeiten ablenken lassen. Und darum tut uns Mode in den meisten Fällen nicht unbedingt gut. Denn Mode ist Äusserlichkeit. Sie ist flüchtig und fremdbestimmt. Wenn wir aber in unserem eignen Innern unsere Mode finden können, gemeint ist eine eigene Art und Weise, wie wir gefällig durchs Leben gehen können, dann entfliehen wir dadurch den fremdbestimmten Oberflächlichkeiten, die Mode immer wieder an uns heranzutragen versucht. Wenn wir auf unser Innen vertrauen dürfen, so lassen wir uns nicht mehr über das Aussen verunsichern. Und dann wird es uns möglich, in unserem Lieblingspulli mit unserem Kuscheltier aus Kindheitszeiten unter dem Arm durch die Welt zu spazieren, ohne dass wir uns deswegen in irgendeiner Weise zu schämen bräuchten.

Manche Dinge verlieren den Wert für uns niemals. Anders bei der Mode. Sie ist unbeständig und unkontrollierbar für uns. Wenn wir uns auf sie einlassen, dann beginnen wir zu rennen und können niemals mehr aufhören damit. Es kann sogar sein, dass wir so lange rennen, bis wir vor Erschöpfung umfallen. Um diesem Schicksal zu entkommen, versuchen wir im nächsten Kapitel zu erfahren, warum Mode so unbeständig ist.

9 Die Unbeständigkeit der Mode

Mode ist eine Idee, die sehr schnell zum Irrtum werden kann. Denn Mode täuscht uns Menschen vor, dass wir zu jemandem werden, sobald wir uns auf die Mode einlassen und uns entsprechend kleiden, verhalten, zurechtmachen oder geben.

Aber ganz egal, was wir auch anziehen: unter der Kleidung sind wir immer noch dieselbe Person wie vorher.

Warum dann all dieser Aufwand? Warum all der Stress? Warum das ständige Schauen nach links und rechts, was die anderen anhaben, tun oder sagen?

Wer eine Weile versucht hat, mit der Mode zu gehen, und dabei seine Eigenständigkeit und seine Fähigkeit, selbständig zu denken nicht verloren hat, der wird erkennen, dass Mode voller Widersprüche, Illusionen und Manipulationen ist. Dem dürfte so sein, weil immer wieder andere Interessenskreise um die Gunst der Konsumentinnen und Konsumenten buhlen. Es sind nicht nur Wirtschaftsstandorte, die sich gegenseitig das Geschäft streitig machen. Es sind auch die einzelnen Firmen, die über ihre Marken versuchen, ihre Kunden an sich zu binden und in kurzer Zeit möglichst viel Geld mit ihnen zu verdienen.

Mode ist ein kapitalistischer Irrtum, der nur dazu da ist, Überproduktion zu verhindern, indem Altes weggeworfen und durch Neues ersetzt wird, obwohl das Alte seinen Dienst noch lange tun würde. Und wichtig dabei ist, dass Mode immer mehr mit sich zieht und mehr verlangt. Und dass sie auch immer teurer wird.

Was nützt ein schönes Abendkleid, wenn die Dame aus einem alten, rostroten VW Golf aussteigt und dann über den roten Teppich schreitet? Was nützt die Schminke, wenn die Ohrläppchen nicht goldig und diamanten glänzen? Was nützen die antrainierten Muskeln an den nackten, tätowierten Oberarmen, wenn das Mannsbild auf dem Trottinett daher gefahren kommt?

Mode geht immer wieder neue Wege. Dabei achtet sie nicht auf Zweckmässigkeit, sondern auf Extravaganz. Und gekauft wird sie dennoch, weil Menschen nicht denken, sondern sich über Gefühle und Manipulation beeinflussen lassen. Und darum gibt es auch die Werbung. Werbung bildet nicht. Sie hilft niemandem weiter. Sie dient nur dazu, möglichst vielen Menschen gleichzeitig einzureden, dass sie nur jemand sein können, wenn sie ein bestimmtes Produkt besitzen. Und um es besitzen zu können, müssen sie es kaufen. Wer es nicht kaufen kann, der muss es leasen, mieten oder einen Kredit dafür aufnehmen. Und so verdienen vom Hersteller, über den Handel bis hin zum Bankenwesen alle an der Mode mit.

Aber eben, Mode und Werbung haben mit Rationalität, Logik, Menschenverstand und Denken nichts zu tun. Denn würden die Menschen denken, dann würden sie nicht nach der Mode kaufen, sondern nach Bedarf und Zweckmässigkeit. Und wenn dem so wäre, so würde Werbung nicht auf die Emotionen der Konsumenten abzielen, sondern sie würde die Vorteile des Produktes in Bezug auf ihre Zweckmässigkeit hervorheben. Und die Produkteentwickler würden nicht auf Stil, Extravaganz und Einzigartigkeit setzen, sondern sie würden auf Langlebigkeit, Zweckmässigkeit und Nutzen achten.

Wenn jetzt aber Werbung ein Produkt anpreisen würde, das man einmal kauft und dann nie wieder, weil man über die Werbung bereits zum Besten Produkt findet, und weil dieses Produkt dann so gut und dauerhaft ist, dass es niemals mehr ersetzt werden muss, dann würde die Wirtschaft zusammenbrechen! Was sollten denn all die Firmen noch produzieren? Wo sollen die Millionen von Menschen arbeiten gehen? Was sollen wir tun, wenn wir nicht mehr arbeiten können und uns nicht mehr über Mode und Konsum davon ablenken können, dass unser Leben so hart ist, weil wir so viel arbeiten müssen, weil alles so viel kostet?

Mode und Kapitalismus gehen Hand in Hand. Wer sich zu ihnen gesellt, der wird ein Leben lang hinterherrennen. Wer zufrieden ist mit dem, was er hat, der ist frei.

Das ist das, was dabei herauskommt, wenn man die Unbeständigkeit der Mode entlarvt hat.

Aber wie langweilig wird das Leben, wenn man nicht mehr shoppen gehen kann!?

Gehen wir dieser Frage nach, indem wir die Antwort über den Zusammenhang zwischen Schönheit und Geld suchen.

10 Geld und Schönheit

Wahrscheinlich jeder Mensch trägt in sich die Fähigkeit, die Wunder der Schöpfung in Form von Ästhetik und Schönheit erkennen zu können. Manche haben diese Fähigkeit in sich bereits erweckt und haben sie geniessen gelernt. Andere werden wohl nie so weit in sich hineinfinden.

Wenn ein Bild dem goldenen Schnitt entspricht, so strahlt es Harmonie aus und damit ist auch Schönheit verbunden. Und wenn *Leonardo da Vinci* mit seinem Bild *der aufrechte Mensch* die Schönheiten in den Proportionen des menschlichen Körpers zu veranschaulichen versucht, indem er auf Grössen- und Längenverhältnisse und auf Symmetrien hinweist, dann tut er es wohl nicht der Zweckmässigkeit willen, sondern darum, weil er etwas Göttliches im Menschen selbst erkannt hat. Und *Leonardo Fibonacci* hat in seiner Zahlenfolge mathematisch die Schönheit in der Natur zu erfassen versucht, wie wir sie in Blüten, Schneckenhäusern und Wirbelstürmen auch erkennen können.

Schönheit und Ästhetik können uns auf das in den Dingen hinweisen, was sie absolut und einzigartig macht. Und wie gesagt, jeder von uns trägt in sich die Gabe, dieses Absolute in

Form von Schönheit in den Dingen, die uns umgeben, erkennen zu dürfen.

Wie wäre es, wenn wir das Göttliche auch in unserer eigenen Schönheit und Einzigartigkeit zu erkennen vermöchten? Bräuchten wir dann noch Geld, um uns Mode zu kaufen, um schön zu sein?

Wir erkennen, dass Geld in irgendeiner diffusen weise im Widerspruch zu wirklich wahrer Schönheit steht.

Wie kommt es, dass die Prinzessin vor der Hochzeit mit dem Prinzen noch hübsch, froh und frisch strahlt und lächelt, und dann, wenn sie die Kronjuwelen trägt, auf einmal unglücklich, eingeschränkt und belastet wirkt? Warum muss sich eine Königin, die alles hat, so sehr bemühen zu lächeln?

Wir haben es hier irgendwie mit diesem Widerspruch zwischen dem Irdischen und dem Himmlischen zu tun. Geld verkörpert das Irdische. Alles Irdische kann man kaufen. Das Himmlische hingegen ist für uns unerreichbar, so lange wir es mit Geld zu kriegen versuchen. Denn das Himmlische kann man nur mit Sterntalern kaufen. Und Sterntaler als Währung sind in der heutigen Zeit schwer zu kriegen. Man kann sie sich nur selbst verdienen. Man bekommt sie dafür, dass man an seinem

Charakter und seiner Tugendhaftigkeit arbeitet. Wer selbstlos wird, wer danken, wertschätzen und lieben lernt, der bekommt dafür vom Himmel Sterntaler, die er dann eintauschen darf gegen das, was der Himmel uns zu bescheren hat. Aber wir haben es hier nicht mehr mit Shoppen zu tun, sondern mit Erkenntnis, Erfüllung, Genugtuung und vielleicht sogar Erleuchtung.

Ist also die Mode dazu da, die Menschen immer wieder auf Trab zu halten, auf dass sie sich nach dem irdischen Gold bücken, anstatt dass sie Sterntaler zu verdienen versuchten, die ihnen zum himmlischen Gold gereichen würden?

Reich und schön sein, das ist der Wunsch so vieler!

Aber führt Reichtum wirklich zu wahrer Schönheit? Oder lassen wir uns nicht viel mehr von dem Geld blenden, das wir selbst gerne hätten und erachten automatisch alles als schön, was mit Geld zu tun hat und viel davon besitzt? Oder wurden durch den Einfluss von Geld sogar Dinge für uns schön, die jemand, der Geld nicht kennt als hässlich bezeichnen würde?

Wie toll finden wir doch Schmuck, teure Autos oder edle Kleidung? Und was sind wir doch nicht alles dafür bereit zu geben, zu tun und wegzugeben?

Würden Elben, die in Eintracht und Liebe mit der Natur und der Ewigkeit der Schöpfung leben auch so viel hingeben, um an Geld und Materialismus heranzukommen? Oder haben sie ihre Unantastbarkeit gerade dadurch erlangen können, dass sie sich eben von den materiellen Dingen gelöst haben?

Wer die Symbiose zwischen einer Blüte und einer Biene mit seinem tiefsten Herzen zu betrachten, bewundern und lieben gelernt hat, der betrachtet Dinge wie Geld, Waffen, Terz und Tand als etwas Bösartiges, Schädliches oder gar Menschenverachtendes. Wie wird es da möglich, dass dennoch Geld mit vermeintlicher Schönheit einhergehen kann?

Für den Autor lässt sich diese irrtümliche Verbindung zwischen Geld und Schönheit nur mit dem Irrtum unserer Selbst erklären. Wir irren uns in dem, was wir sind. Wir machen uns selbst immer wieder zu etwas Materiellem, indem wir über Mode und Äusserlichkeiten eine persönliche Aufwertung in uns herbeizuführen versuchen. Und so nähren wir unseren Selbstirrtum ständig: Wir streben nach Schönheit über das Hilfsmittel des Geldes und entfernen uns dabei immer mehr von uns selbst und dem, was uns ausmacht.

Ist es da noch ein Wunder, dass wir immer wie abhängiger und unsicherer werden? Und wer führt den ursprünglichen Irrtum herbei, der uns auf die Fährte des Geldes führt und nicht mehr loslässt?

Was genau es ist, ist schwierig zu sagen. Aber es dürfte mit unserem Gesellschafts- und Wirtschaftssystem zu tun haben. Denn fast alle Ureinwohner kannten den Fluch des Goldes nicht, bevor nicht «die Weissen» ihn gebracht haben. Und mit dem Fluch des Goldes kamen auch der Fluch der Sinnesablenkung über Alkohol und der Fluch der Täuschung über Mode.

Nein, wir können den irrtümlichen Zusammenhang zwischen Geld und Schönheit nicht endgültig ergründen, weil es keinen wahren Zusammenhang gibt. Und wir können auch Mode und Unsicherheit nicht vollständig verstehen, weil sie in keiner rationalen und logischen Verbindung stehen. Vieles nehmen wir wohl einfach als gegeben an und wehren uns darum nicht gegen manipulative Einflüsse, die unsinnig, unnütz und irreführend sind. Wir sind einfach bereit, Sachverhalte und Wirkungen hinzunehmen, ohne dass wir darüber nachgedacht hätten. Das macht uns abhängig, oft traurig und auf diffuse Weise auch manipulierbar. Wir geben uns selbst preis, weil wir es nicht besser verdient haben.

Sie wollen das nicht so recht glauben? Wie kann es dann kommen, dass wir uns «unmodisch» fühlen können?

11 Sich unmodisch fühlen

Wie ist es möglich, dass wir uns für bestimmte Situationen «overdressed» oder «underdressed» vorkommen? Und weshalb schreiben manche Leute auf die Einladung, welcher Kleidungsstil erwartet wird? Wird da der Maskenball schon inszeniert, bevor er überhaupt anfängt?

Und welche Gefühle erleben wir, wenn wir nicht der Situation entsprechend gekleidet sind?

Wenn wir uns schämen, wenn wir uns fremdschämen oder wenn wir uns sogar schlecht fühlen wegen dem, was wir oder andere anhaben, dann reduzieren wir uns oder den Kleidungstragenden ja vollumfänglich auf das Äussere!

Welche Kraft, welche Instanz hat diese Macht, dass wir vergessen, dass es da nicht um Kleidung, sondern immerhin um einen Menschen mit einer Seele mit göttlicher Anbindung geht!?

Wenn etwas so stark wirkt, dass wir es höher gewichten als die Unantastbarkeit eines Lebewesens, dann wird uns da entweder ein Irrtum auferlegt, oder wir legen uns diesen Irrtum selbst auf. Beides sollten wir schleunigst zu korrigieren versuchen! Denn wer so sehr verblendet ist, der lässt sich auch zu schlimmen

Dingen wie Kriegstreiberei, Demagogie oder Rassismus verleiten.

Sich unmodisch zu fühlen ist etwas, was die Selbstunsicherheit möglichst eines jeden Einzelnen zu unterstreichen und falsch zu gewichten versucht. Und dennoch führt es irgendwann immer wieder ad Absurdum. In den verschiedenen Kunstepochen durften wir mitverfolgen, wie in der *Renaissance* alte Schönheitsideale aus der Antike wieder aufgenommen wurden. Im *Barock* versuchte man eine Steigerung herbeizuführen, weil man ja den Götzen am Leben erhalten musste. Und über *Rokoko* führten Übertreibungen hin zum *Dadaismus*, wo Vernunft und Rationalität entweder in Kunst oder in Irrsinn mündete, je nachdem, wie man diesen Modeströmungen gegenüberzutreten wünscht.

Wundert es da, dass Künstler wie *Salvador Dalì* oder Schriftstellerinnen wie *Suzanne Collins* (Autorin von *The Hunger Games*) diese Stilmittel aufnehmen, um die Menschen auf die Absurdität gewisser Entwicklungen hinzuweisen? Sind es solche kunst- und kulturschaffende Menschen, die uns über ihre Werke in Erinnerung zu rufen versuchen, wer wir wirklich sind, und dass niemand jemals das Recht hat, dass wir uns von aussen her beeinflusst unmodisch fühlen?

Wer sich unmodisch fühlt, der hält der Prüfung nicht stand, die der Druck der Gesellschaft dem Individuum auferlegt. Aber wenn gewisse unter uns bereits dann nicht standhalten, wenn es um den falschen Dresscode geht, wie muss es dann für Menschen sein, die von Geburt her, oder über Unfälle und Krankheiten in ihrer Erscheinung entstellt, andersartig oder «abnormal» sind?

Jeder Mensch muss im Laufe seiner Entwicklung wohl früher oder später lernen, dass nicht sein Äusseres für seine wahre Existenz von Belang ist, sondern dass das Herz, der Geist und die tiefe der Erkenntnis zählen, wenn es um Daseinsberechtigung und Seelenfrieden geht. Und aus dieser Perspektive heraus betrachtet sollten wir das Gefühl des sich «unmodisch Fühlens» immer sehr genau beobachten und es immer unmittelbar angehen, wenn es in unserem Emotionskörper in Erscheinung tritt. Denn es ist ein Hinweis darauf, dass wir uns in Richtung einer eigenständigen Persönlichkeit entwickeln können; eine Persönlichkeit, die es nicht nötig hat, nach der Pfeife der Modedesigner zu tanzen.

Wer von der Marionette zum Lebewesen schöpferischer Wahrheit werden will, der legt das Gefühl des sich «unmodisch Fühlens» ab –

denn es gibt keinen anderen Weg, um sich selbst erkennen zu dürfen.

Was mit Selbsterkenntnis einhergeht, das versucht der Verlag www.denkmalnach.ch in seinen Büchern zu umschreiben. Denn dem Verlag liegt die Integrität eines jeden Lebewesens am Herzen.

Verlassen wir nun aber unangenehme Gefühle, die Mode in uns zu erwecken vermag, und kommen wir auf das Phänomen, dass wir Menschen immer wieder auf die gleichen Tricks hereinfallen.

12 Alter Wein in neuen Schläuchen

Wenn Röcke immer kürzer werden, um dann wieder länger zu werden, wenn der Hosenbund von der Taille bis unter die Hüfte rutscht, um dann wieder bis unter den Brustansatz hinaufzuwandern, dann haben wir es mit dem eingeschränkten Ideenreichtum der Modeschöpfung zu tun.

Das Repertoire und somit auch das Potenzial der Mode ist irgendwann mal ausgeschöpft. Noch extremer und noch übertriebener geht es irgendwann mal nicht mehr. Da kann sich *Lady Gaga* – ihr Künstlername weist ja bereits darauf hin – noch lange mit dekadenten Versuchen wie einem Kleid aus echtem Fleisch in die Schlagzeilen der Glanz und Glamour Zeitschriften zu hieven versuchen. Irgendwann mal werden die Menschen es müde, immer wieder den neusten Schrei der Haute Couture zu erhören und ihm nachzurennen. Und so kommt es, dass die Mode sich im Kreis dreht und immer wieder den alten Wein in neue Schläuche abfüllt.

Wer sind wir, auf dass wir es nötig hätten, dennoch immer wieder alten Wein zu kaufen und uns damit inszenieren zu wollen?

Wenn Mode dazu tendiert, dem Modekäufer Einzigartigkeit liefern zu wollen, dann wäre es doch viel einfacher, wenn wir von uns aus selbst die uns innewohnende Einzigartigkeit zu suchen anfangen würden?

Es gibt kein einziges Individuum, das gleich ist wie ein anderes. Dem ist so, weil wir nicht nur Körper sind, sondern uns auch über unsere Gefühle, unseren Geist und unsere Seele definieren und verstehen können. Wer sich auf das Äusserliche reduziert, der muss zwangsläufig viel Geld ausgeben, um über den Kauf von Kleidung und Accessoires einen Unterschied von sich zu allen anderen oberflächlich funktionierenden Menschen zu erwirken. Wer aber sein Inneres erkennen und wertschätzen lernt, der wird Schönheiten und Gaben entdecken, die ohne Geld – oder eben erst recht ohne Geld – zu Glanz und Blüte erweckt werden können. Und wer dies tut, der wird nicht alten Wein in ein schnödes, neu anmutendes Gefäss abfüllen. Nein, er wird das Göttliche ehren, indem er in sich selbst den Wert des Unantastbaren, des Unbeirrbaren und des Absoluten zu erkennen beginnt. Natürlich sollten wir aufgrund dieser Schönheiten, die uns da begegnen können, nicht unsere Bescheidenheit verlieren und der Überheblichkeit und Selbstüberschätzung anheimfallen. Aber freuen dürfen wir uns schon über das, was wir von der Schöpfung als

Geschenk erhalten haben. Wir müssen uns einfach bewusst sein, dass es kleine Dinge sind, die wir da geschenkt bekommen. Gross und schön werden sie nur durch unsere Bemühung, sie über Charakterbildung, Wertschätzung und Nächstenliebe zu dem werden zu lassen, wozu sie dienlich sind. Und alles Schöne und Einzigartige hat eigentlich nur ein Ziel: Es versucht, die Schönheit des Seins zu mehren und dadurch die Welt für alle zu einem besseren Ort zu machen.

Tut das die Mode auch? Macht die Mode die Welt besser, indem sie alten Wein neu abfüllt?

Wir alle wissen, dass Mode das Gegenteil tut. Sie zerstört Ressourcen, Existenzen und unsere Selbstsicherheit – und sie tut dies, indem sie unser Selbstbewusstsein irreleitet. Denn offiziell gibt sie vor, unser Selbstbewusstsein zu stärken. Dann aber, sobald wir die Mode in Form von Kleidung abgelegt haben und nackt vor dem Spiegel stehen, tut sie genau das Gegenteil. Dieser Täuschung soll das nächste Kapitel geweiht sein.

13 Der Trick mit dem Selbstbewusstsein

Nimm dir einen Menschen, beobachte, worin er sich von anderen Menschen unterscheidet, und dann hebe diesen Unterschied hervor und mache ihn zur Abnormalität. Auf diese Weise gelingt es, einen jeden von uns zu verunsichern. Denn dort, wo wir uns von den andern unterscheiden, können wir nicht Zuflucht in der Gleichartigkeit suchen. Wir stehen allein da, mit dem, was uns einzigartig macht. Und allein fühlen wir uns schnell mal unsicher, was unserem Selbstbewusstsein schadet.

Dabei sollte es doch gerade umgekehrt sein!

Wer den oben beschriebenen Trick anwendet, der will nicht Menschen, die sich gut fühlen und darum die Welt zu einem besseren Ort helfen machen können. Er will Menschen, die *seufzend und stöhnend und in scheuem Sklavenschritt* durch ihr eben wandeln. Menschen, die auf das Äussere achten und vergleichen, was ja bekanntlich unglücklich macht.

Was tut Mode anderes, als mit dem Trick mit dem Selbstbewusstsein zu spielen? Hat sie nicht zum Ziel, zuerst zu verunsichern, um dann über das, was sie hervorbringt, eine falsche, manipulierte Selbstsicherheit zu vermitteln?

Wer das Spiel mit der Mode mitspielt, der muss sich nicht wundern, wenn er sich nicht besonders gut fühlt und wenn sein Leben keine Früchte tragen will. Denn Mode trägt in sich niemals den Wunsch, jemanden für immer selbstsicher werden zu lassen. Sie vermittelt Selbstsicherheit nur zwei drei Male, dann braucht es etwas Neues.

In der High Society kann ein Abendkleid nur einmal getragen werden. Dann braucht es bereits ein Neues. Denn was würde die Regenbogenpresse sagen, wenn jemand zweimal im gleichen Outfit daherkäme?

Und so erkennen wir auch, dass immer dort, wo in extremer Form auf Mode und Äusseres geachtet wird, der Mensch an sich eher als Ware gehandelt wird, denn als Lebewesen. Und wer jemanden aufgrund seiner Kleidung beurteilt, lobt oder kritisiert, mit dem sollte man nicht so sehr kooperieren. Denn man hat es da mit einem unsteten und unverlässlichen Partner zu tun, der bei der erst besten Gelegenheit sein Fähnchen nach dem neuen Wind der Mode richtet und fallen lässt, was er gerade noch in Händen hielt.

Aber eben, hier geht es um den Trick mit dem Selbstbewusstsein. Und dieser Trick bedient sich der Mode, um vom Inneren abzulenken und das Augenmerk auf das Äussere zu lenken, und zwar auf ein Äusseres, das vorgegeben wird von denen, die damit Geld verdienen wollen oder andere Absichten hegen, die ihnen Vorteile bringen.

Wer von sich selbst auf das ihn umgebende Äussere abgelenkt wird, der hat womöglich lange, um zu sich zurückzufinden. Denn man kann sich im Aussen verlieren, wie man im Nebel auch den Weg nachhause verlieren kann. Und während man umherirrt, ist man verunsichert und leidet unbewusst daran, dass man sich selbst geleugnet hat. Das alles geht auf Kosten des Selbstbewusstseins. Und darum sollten wir Tricksereien mit unserem Selbstbewusstsein frühmöglich durchschauen und unterbinden, bevor sie Schaden in uns anrichten können.

Gehen wir im nächsten Kapitel noch etwas detaillierter auf den Aspekt mit dem sich im Aussen verlieren ein. Denn für den Fall, dass jemand sich bereits verloren hat, könnte Wissen darüber helfen, den Weg zu sich selbst wiederzufinden.

14 Sich im Aussen verlieren

From our lives beginning on, we are pushed in little forms. Noone asks us how we would like to be...

(Vom Beginn weg unseres Lebens werden wir in kleine Formen gepresst. Niemand fragt uns, wie wir gerne sein möchten...)

Wenn es zu Jugendbewegungen, Gegenströmungen, Revolutionen und Trendwendungen kam, dann immer darum, weil das Alte die Lebewesen in ihrer Entwicklung eingeschränkt und sie zurückgebunden hat.

Und tatsächlich ist oft, was für uns gut war, für die uns nachfolgenden Generationen eine Last.

Aber wir sollten das Kind nicht mit dem Bade ausschütten. Denn es gibt immer zwei Arten von Gewohnheiten, Gebräuchen und Denkmustern. Da gibt es diejenigen, die tatsächlich einschränken, weil sie einer bestimmten Gruppe innerhalb der Gesellschaft Vorteile bringen und die anderen einschränken. Es gibt aber auch Sitten und Gebräuche, die bereits sehr alt sind, und die man nicht einfach so achtlos wegwerfen sollte. Und zwar darum nicht, weil sie für alle von uns gelten und somit auch jede und jeden von uns schützen helfen.

Wer gegen Dogmen und Denkmuster ankämpft, weil sie ungerecht und einschränken sind, der handelt richtig. Wer aber gegen Dinge ankämpft, nur damit er sich nicht mehr damit auseinander zu setzen braucht, der handelt unüberlegt und schneidet sich dabei oft ins eigene Fleisch. Denn der Hirtenjunge, der zum dritten Mal ruft «*der Wolf kommt*», der schaut schön blöd aus der Wäsche, wenn keine Hilfe mehr kommt, weil er sich die ersten beiden Male einen Spass erlaubt hat, ernste Angelegenheiten zu seiner Freude zu missbrauchen.

Wenn wir aus Gleichgültigkeit, Müssiggang oder Trägheit bewährte Regeln demontieren, nur damit wir es dann angenehmer haben, dann kommt womöglich bald mal ein hartes Erwachen. Denn wer seinen eigenen Schutz diskreditiert und vernachlässigt, der steht dann ungeschützt da, wenn die Härte der Realität rücksichtslos und ohne Erbarmen zuschlägt.

Wer alte Werte und innere Kostbarkeiten mit Leichtigkeit preisgibt und sie gegen Blendereien wie Mode eintauscht, der wird nicht nur den Schutz verlieren, den sie gewährt haben. Nein, er wird auch alle Wegmarken vernichten, die den Weg zurück nach Hause gewiesen haben.

Wir verlieren uns dann im Aussen, wenn wir oberflächlich, gleichgültig, überheblich oder selbstsüchtig werden. Denn dann trennen wir die Verbindungen zu unserer Seele. Und wir trennen auch die Verbindungen zu denen, die uns noch helfen könnten, den Weg unserer Seele über Liebe wiederzufinden.

Es gilt als alte Klugheit, sich nicht der Hoffärtigkeit und der Eitelkeit hinzugeben. Denn wir begeben uns dadurch vollständig ins Aussen. Und wenn etwas schiefläuft, dann haben wir uns selbst hinausgesperrt. Denn das Aussen kennt kein Mitleid und keine Reue. Es kennt nur Geld, Selbstvorteil und Macht.

Mode kann dazu führen, dass wir uns im Aussen verlieren. Das sollten wir einfach wissen. Aber über Einfachheit, Dankbarkeit, Wertschätzung und Demut können wir den Weg in unser Inneres immer wieder finden. Es ist einfach viel anstrengender zu sich zurückzufinden, wenn wir uns zuerst einen oberflächlichen und lauten Lebensstil angewöhnt haben. Aber der Vater liebt seinen verlorenen Sohn, und heisst ihn darum immer und jederzeit wieder willkommen und schliesst ihn liebevoll in seine Arme.

Aber nichts ist nur schlecht. Alles hat immer zwei Seiten. Und so wollen wir in den nächsten Kapiteln auch noch positive Seiten von Mode

hervorheben und thematisieren, die uns dienlich
sein können, und die keineswegs einschränkend
wirken.

15 Die Loslösung

Manchmal hilft Mode, einen Schritt vorwärtszumachen. Wer in moralisierenden und einschränkenden Gemeinschaften gefangen gehalten lebt, der kann sich über die Mittel der Mode Freiheit verschaffen.

So haben sich Frauen, die angefangen haben, Hosen zu tragen, gegen die Diskriminierung der Frauen gewehrt.

Männer haben ihre Haare wachsen lassen und provozierende Musik gemacht, um gegen die Falschheit und die Heuchlerei in der Gesellschaft zu protestieren.

Jugendliche haben Jeans mit Trompetenstösseln getragen und so den Hippie Style begründet. Sie haben Kriege in Frage gestellt und Schlagworte wie *Make Love, not War* weltweit verbreitet. Sie steckten sich Blumen in die Haare und wagten sich, vor dem Weissen Haus zu demonstrieren.

Und worauf weisen heutige Strömungen alles hin? Ist eine Modeströmung, die aus der Gesellschaft herauskommt, nicht immer ein Schrei nach Beachtung und schliesslich auch nach Gerechtigkeit? Zeigen nicht Modeströmungen Bedürfnisse breiter Schichten, vor allem die Bedürfnisse von jungen Menschen auf? Und ist es ein Zufall, dass konservative Kreise sich immer wieder über neue Looks und manchmal provozierende Verhaltensweisen aufregen?

Wer das Alte nicht mehr erträgt, weil er tief in sich fühlt, dass es nicht das Richtige für ihn ist, dass es ihn belastet, einschränkt und krank macht, wie soll er sich aus dem bestehenden gesellschaftlichen Kuchen herauslösen?

Genau: Er verändert sein Äusseres!

Dadurch gelingt es ihm, die nötige Distanz zu all den gesellschaftlichen Beeinflussungen zu erhalten, die er braucht, um einen eigenen Weg einschlagen zu können. Und während ihn bisherige Mitmenschen ausgrenzen, gesellen sich neue Menschen zu ihm, die an seinem Äusseren erkennen können, dass er einen Wandel anstrebt. So entsteht auch Mode. Aber diese Mode wird nicht von aussen her vorgegeben und beabsichtigt nicht, den Konsumenten das Geld aus der Tasche zu ziehen. Nein, solche Modeströmungen sind meist kostengünstig und originell. Denn es geht nicht darum, sich über Mode zu tarnen und zu verstecken. Es geht vielmehr darum, sich Freiraum zu verschaffen und sich von dem abzugrenzen, was einschränkt und bindet.

Es gab zu allen Zeiten Menschen, die sich so verhalten und dadurch Wirkungsgeschichte geschrieben haben. *Diogenes* lebte in einem Fass und wurde dadurch zu einem Vorbild für Eremiten. Die Ritter im Mittelalter verehrten ihre Geliebten mit Minnegesang und hoben so die Liebe auf eine höhere, platonische Ebene. Die Romantiker verehrten die Natur und begründeten dadurch verschiedene Strömungen von Spiritualität. Aufklärer und Philosophen brachten geistiges Gedankengut in Mode und veränderten dadurch das Mindsetting ganzer nachfolgender Generationen.

Alles, was neu ist, schafft den Durchbruch nur, wenn es in Mode kommt. Und so könnten wir seine Entstehung betrachten wie der Geburtsvorgang bei einem Küken: Zuerst kämpft es, um die Eierschale zu durchbrechen. Denn obwohl diese Schale ihm Schutz geboten und sein Heranwachsen überhaupt ermöglicht hat, wird sie zur Einschränkung, die überwunden werden will. Dann, wenn das Küken das Licht der Welt erblickt, piepst es, um sich mit Seinesgleichen zu gesellen. Und nach und nach geht es seine eigenen Wege, wird ruhiger und vernünftiger und legt bald schon eigene Eier, aus denen neue Küken schlüpfen können, sofern dies sein soll.

Welche Erneuerung ist jetzt gerade am Schlüpfen, um sich ins Leben hineinzugeben und dieses über die mitgebrachten Mittel zu verändern?

Mode hilft uns, uns loszulösen und neue Wege zu gehen. Aber früher oder später sollten wir uns dennoch von dieser Mode wieder trennen. Denn alles, was uns anfänglich hilft, wird nach und nach zur Krücke. Wir sind stark genug, um ohne ein Korsett von Äusserlichkeiten durch die Welt gehen zu können. Denn wahre Kraft kommt aus innerer Stärke und Überzeugung.

Manchmal muss Mode aber gar nicht revolutionär wirken, um sich durchsetzen zu können. Manchmal genügt es ganz einfach, wenn etwas praktisch ist. Was zweckdienlich ist, was guttut oder was erfreut, das braucht keine Werbung, damit es sich durchsetzen kann. Es überzeugt ganz einfach durch seine Existenz und seine Wirkung.

16 Das ist praktisch!

Im Film *Back to the Future* reist *Marty McFly* mit einer Zeitmaschine aus dem Jahr 1985 in das Jahr 1955 zurück, wo er auf seine Eltern trifft, wo diese noch jung sind. Und obwohl er nur die Zeitspanne einer Generation zurückgereist ist, treffen durch seine Erscheinung in der Vergangenheit extreme modische Unterschiede aufeinander. Es ist schon erstaunlich, was sich in kurzer Zeit alles ändern kann. Sicherlich ist dies auch eine Errungenschaft der freien Marktwirtschaft, wo Angebot und Nachfrage all diesen Erfindungen den Weg ebnen, die praktisch sind und sich darum durchsetzen können. Aber wir verdanken viele Neuerungen auch dem technologischen Fortschritt. Die Frage bleibt immer nur, in welchem Verhältnis stehen die Vorteile zu den Nachteilen.

Ist es nicht wunderbar, dass wir leichte Freizeitschuhe tragen dürfen, die luftgefedert, atmungsaktiv und ergonomisch sind? Ist es nicht ein Gewinn, dass wir funktionale Outdoorkleidung kennen, die uns das Arbeiten und Bewegen draussen auch bei Regen und Kälte einigermassen angenehm machen?

Wie einfach ist es geworden, Feuer zu machen, Licht anzuzünden, zu waschen, zu putzen und zu kochen!

Und welche Neuerungen demontieren das Mensch Sein an sich?

Wenn Mikrowellen zwar praktisch sind, dann steht das in keinem Verhältnis zur Tatsache, dass alles Essen, das man in ihnen wärmt, auch gleich denaturiert wird. Wenn unsere Heizungen automatisch heizen, so verlieren wir den Bezug dazu, was es braucht, wenn man es schön und gemütlich haben will. Und wenn der Kühlschrank über künstliche Intelligenz das Joghurt automatisch nachbestellt, wie viele dieser Joghurts werden dann weggeworfen, weil sie zwar geliefert wurden, aber niemand sie innerhalb der Haltbarkeitsfrist isst? Selbst dann nicht, wenn die KI uns darauf hinweist, dass das Joghurt demnächst ablaufen wird?

Mode kann durchaus praktisch sein und viel Positives bringen. Aber mit jeder Neuerung geht auch gleich die Gefahr des Overkills einher. Denn alles, was uns alltägliche Aufgaben abnimmt, hilft auch gleichzeitig, uns unserer Selbstwirksamkeit, unserer Aktivität und unserer Selbstbestimmung zu entledigen.

Und darum sollten wir trotz aller Zweckdienlichkeit immer gut überlegen, was wir uns aus welchen Gründen anschaffen wollen, und was nicht. Auch sollten wir bei allem Neuen, was Erleichterungen bringt, überlegen, wie viele der Vereinfachungen wir nutzen wollen. Wer seinen Kindern nur noch Fertigprodukte vorsetzt, der bringt seine Liebsten nicht nur um eine gesunde Ernährung, sondern auch um viele wichtige gemeinsame Stunden in der Küche beim Kochen, Tischdecken und Abwaschen.

Und so gibt es vieles, was auf den ersten Blick praktisch anmutet und es auch ist, was aber auf den zweiten Blick zu einem Boomerang werden kann.

Wenn Mode praktisch ist und dennoch einfach bleibt, und solange sie die Integrität des Lebens an sich nicht verletzt, dann hilft sie uns und bringt uns weiter. Wenn sie aber zu Dekadenz verkommt und die goldene Regel verletzt, dann sollten wir uns von ihr abwenden und unseren eigenen Weg gehen.

Und so gelangen wir zum nächsten Kapitel, wo es darum geht, dass wir trotz aller Einflüsse, auch denen der Mode, uns selbst zu bleiben versuchen.

17 Die Kunst sich selbst zu sein

Was, wenn der Kleiderladen geschlossen bleibt und wir keine neue Kleidung mehr kaufen können, um uns damit sozial oder beruflich in Szene zu setzen?

Was, wenn wir den Job verlieren und nicht mehr das nötige Kleingeld haben, um großartige Gadgets, aufmerksamkeitsheischende Tools und attraktive Accessoires zu kaufen, um uns damit in unserem Umfeld aufzuspielen?

Was ist, wenn wir uns selbst nicht mehr über Konsum, über unser Äusseres oder über materielle Dinge ablenken können, weil wir alles schon gesehen, erlebt und ausprobiert haben?

Am Ende, dann, wenn aller Konsum, aller Luxus und aller Komfort erlebt, verlebt und leergelaufen ist, bleiben wir mit uns selbst zurück und müssen uns ohne äussere Hilfsmittel aushalten. Diese Vorstellung ist für manche etwas vom Schlimmsten, was ihnen in ihrem Leben zustossen könnte. Für andere aber ist es die Chance ihres Lebens!

Dann, wenn alle Stricke gerissen sind, dann, wenn der Schiffbrüchige ganz allein an den Strand einer einsamen, menschenleeren Insel gespült wird, dann merkt er, wie zäh das Leben doch ist, und wie stark der menschliche Wille sein kann.

Immer dann, wenn wir uns von Annehmlichkeiten und Gewohnheiten lösen müssen, erkennen wir, wie viel uns eigentlich gegeben ist, ohne dass wir etwas dafür tun müssten. Aber es ist sehr hart, auf seinen eigenen Füssen gehen zu lernen. Und es braucht Zeit, Durchhaltevermögen und einen starken Willen, immer wieder Rückschläge hinzunehmen und es dann dennoch wieder von Neuem zu versuchen.

Aber wer gefallen ist, um sich danach wieder aufzurichten und stärker zu sein als zuvor, der schafft dies nur über das, was uns Menschen wirklich ausmacht: Es ist unser Wille und unsere Überzeugung. Und beides entstammt einem Glauben in uns, dass es gut kommt.

Dann, wenn alle Stricke reissen, bleibt immer noch ein Fünkchen Hoffnung. Es ist unser Glaube an das Gute, das aus diesem Fünkchen Hoffnung genügend Kraft ziehen kann, um aufzustehen und einen Schritt vorwärts zu tun. Aber dieser Glaube ist etwas ganz anderes als das, was wir leben, wenn wir konsumieren und schwelgen. Dieser Glaube, der in unserem wahren Ich zuhause ist, ist auch etwas ganz anderes als das, was Mode ausmacht. Er ist etwas, was uns niemals genommen werden kann, wenn wir es nicht leichtfertig preisgeben.

Und darum ist die grösste Kunst in der heutigen Zeit, sich selbst treu zu bleiben und den Glauben nicht zu verlieren, dass da mehr ist; und dies trotz all der Ablenkungen, Verführungen und Manipulationen, die uns an jeder Ecke aufwarten.

Natürlich reagieren unsere Mitmenschen viel leichter auf Mode – weil sie es gewohnt sind. Und klar können wir über gekaufte Dinge schneller und einfacher die Aufmerksamkeit auf uns ziehen – weil diejenigen, die reagieren, darauf getrimmt sind, sich von Materiellem in Beschlag nehmen zu lassen.

Aber wir sollten uns immer vor Augen halten, dass wir so nur eine bestimmte Art von Mitmenschen beeindrucken. Es sind oft diejenigen, die uns, ohne mit der Wimper zu zucken, den Rücken zudrehen, sobald wir nicht mehr «einfach» und oberflächlich sind. Und wenn sie dann weg sind, bleibt nicht mal eine Leere zurück. Es bleibt höchstens eine ENTtäuschung.

Dafür werden andere Menschen zu uns finden, je mehr wir uns selbst finden und uns über unsere inneren Werte definieren. Es werden dies nicht viele Menschen sein. Dafür sehr wertvolle. Solche, auf die man zählen kann, wenn alle Stricke reissen…

Sich selbst zu finden, heisst meistens auch, nach und nach die Menschen in der Gesellschaft zu finden, die ein anderes Leben leben und auf andere Dinge ansprechen als es der Mainstream tut. Es sind oft die Menschen, die uns inspirieren und motivieren können. Es sind Menschen, die in uns etwas erwecken, die unsere Selbstwirksamkeit und unser Selbstbewusstsein stimulieren, und die sich an dem, was wir aus uns selbst heraus hervorbringen, erfreuen können.

Wenn dieses Büchlein für etwas gut sein kann, dann wohl darin, dass es uns darauf hinweist, wie gut es für uns sein kann, wenn wir lernen, unseren eigenen Weg zu gehen.

Mode hilft uns dabei, unseren eigenen Weg zu finden und zu gehen. Sie tut dies nicht direkt. Denn zuerst verführt sie uns, lenkt uns ab und leitet uns auf Irrwege. Dann aber, wenn wir ihre Tricks durchschaut haben, zeigt sie uns als schlechtes Beispiel, was wir alles nicht tun sollten, damit wir uns selbst finden können.

Wer achtsam ist und beobachten gelernt hat, der braucht nur die immer neu aufkommenden Modeströmungen zu betrachten und zu analysieren. Und daraus wird er sehr viel

Erkenntnis ziehen können. Denn jede Mode richtet sich an ein Zielpublikum und dessen Eigenheiten. Und jede Mode spielt mit einer Täuschung, die zum Konsum verleiten soll. Und jede Mode spricht die inneren Mängel und Bedürfnisse an, die in den Menschen unserer Zeit am meisten zu unbewusstem Leidensdruck und dem Hang zu Selbstablenkung führen. Und so können wir über jede Modeströmung sehr viel lernen. Und indem wir dies tun, bestärken wir uns immer mehr darin, unseren eigenen Weg zu gehen. Und während wir diesen Weg gehen, stellen wir fest, dass wir kein genaues Ziel verfolgen, sondern dass der Weg das Ziel ist. Und wenn wir das erkannt haben, dann werden wir ruhig und finden zu uns selbst. Denn wer nicht mehr einer Schimäre hinterher zu rennen braucht, der hat Zeit, Energie und Raum, um das Leben geniessen zu können.

Die Kunst, sich selbst zu sein führt über den leicht zu gehenden Weg, sich zuerst selbst zu verlieren. Mode hilft uns dabei. Dann kommt die anstrengende Phase des sich selbst Suchens. Mode steht uns dabei im Weg. Und dann kommt früher oder später der Zeitpunkt, wo wir uns selbst im wahren Licht des Seins erkennen. Dann berührt uns Mode kaum noch. Aber dennoch kann sie uns inspirieren und weiterbringen.

Die Kunst sich selbst zu finden ist also irgendwie mit Mode verbunden. Und darum sollten wir Mode nicht verteufeln. Denn wer es tut, der verbannt damit nicht nur die Mode aus seinem Leben, sondern auch ihre Wirkung. Und diese Buchserie hier wird ja gerade WEGEN der WIRKUNG der Dinge geschrieben.

Wer die Wirkung der Dinge erkennt, der findet mögliche Antworten auf die Frage WARUM. Und wer diese Frage so oft umkreist hat, dass er zu erkennen vermag, dass es niemals eine abschliessende und alles umfassende Antwort gibt, der wird klein – und darf darum ins Grosse.

Wenn Mystiker, Stoiker, Gnostiker, Okkultisten, Pioniere, Forscher, Wissenschaftler, Phantasten, Künstler, Poeten, Eremiten und viele andere einzigartige Menschenkinder ihren Weg gegangen sind und uns dadurch inspirieren konnten, dann darum, weil sie erkannt haben, dass alles erklärt werden kann, dass jede Erklärung aber auch gleich wieder neue Fragen aufwirft. Und wer dadurch nicht frustriert, sondern inspiriert wird, der wird wahre Schönheit erblicken. Es ist dies die Schönheit des Unbegrenzten, des Unendlichen. Es ist dies das nicht ergründbare Wunder der Schöpfung, das dem lebenden Menschen immer bewusst ist, welches er aber niemals zu ergründen vermag.

Aber tief in sich kann jeder von uns fühlen, dass es die eine Antwort gibt. Die Mutter aller Antworten, die auch gleich die Frage aller Fragen ist.

Und wenn Menschen über Mode die Vielfalt und Andersartigkeit zelebrieren und nach Aussen tragen, so ehren sie damit das, was hinter all den Oberflächlichkeiten steht. Denn Mode ist – so wie vieles anderes auch – nichts anderes als eine Art der Suche nach der Vollkommenheit. Die Suche nach einer Vollkommenheit, die nicht gefunden werden will, weil sonst der Sinn des Lebens verschwinden würde.

Wenn wir Mode als das hinnehmen können, was sie wirklich ist, wenn wir uns an ihr erfreuen können, uns aber nicht von ihr stressen lassen, dann haben wir eine der vielen Herausforderungen unseres Lebens und unserer Zeit gemeistert. Wer Meister in einer Sache geworden ist, der darf die nächste Sache angehen. Nebst diesem Buch hier über die Mode gibt es noch neun andere Bände in der gleichen Serie, die Ideen liefern können, welche Sachen auch noch über ihre Wirkung angegangen werden können, auf dass Meisterschaft und damit Genugtuung daraus erwachse.

Aber eben: Alles, was da geschrieben steht, ist immer nur eine Version, eine Sichtweise der Betrachtung. Es gibt tausende von Wegen, wie das gesucht werden kann, was nicht gefunden werden will. Indem wir die Kunst anstreben, uns selbst zu sein, haben wir die beste Möglichkeit dazu, dennoch etwas zu finden. Denn alles, was sich uns in unserem Leben zeigt, weisst uns gleichzeitig auf etwas Verborgenes hin, das der Mensch mit seinen fünf Sinnen nicht zu erfassen vermag, was aber dennoch da und somit real ist.

Mode ist da, und sie ist auf ihre Weise real. Aber erst wenn wir sie überwunden und unseren eigenen Weg gefunden haben, werden wir unsere Chancen verbessert haben, das Glück des Lebens zu finden. Denn Mode beherrscht die Mehrheit und somit die Masse. Wir aber streben die Einzigartigkeit im Unendlichen an. Dieses können wir nie über das Mittel der Mode finden, weil Mode in die Gleichheit führt, obwohl sie vorgibt, die Andersartigkeit zu betonen.

Lassen wir jetzt aber diese philosophisch anmutenden Gedanken und wagen wir noch einen Ausblick. Auf dass wir verstehen lernen, dass Mode so lange bestehen bleiben wird, wie der Mensch noch zu lernen hat.

18 Ausblick

Was nützt es, immer wieder einen anderen Weg zu suchen, wenn jeder Weg am selben Ort hinführt?

Es nützt sehr viel. Denn solange der Weg das Ziel bleibt, gibt jeder Versuch, einen Weg zu finden, uns Menschen einen Sinn.

Und selbst Bücher wie dieses hier sind letztendlich auch nur ein Versuch, einen Weg zu beschreiben und zu finden, der niemals ans Ziel führen wird, weil er es nicht kann. Und dennoch kann jeder Weg zu Erfahrung und zu Erkenntnis führen. Und diese Erkenntnis kann dann helfen, einen Schritt vorwärtszumachen. All diejenigen, die einen Schritt vorwärtsmachen, die dienen als Beispiel und somit als Vorbild. Sie ebnen dadurch anderen den Weg, um ebenfalls einen Schritt nach vorne machen zu können.

So gesehen hilft alles, was anders und darum auf seine Weise neu ist, vorwärtszuschreiten. Und somit hilft auch jede neue Mode den Menschen, die sie anspricht, einen Schritt nach vorne zu tun.

Ist es nicht amüsant, Jugendliche zu beobachten, wie sie sich auf neue Strömungen und Stile einlassen, um sich dadurch von ihren

Eltern oder von anderen Jugendlichen abzugrenzen? Haben wir das nicht auch getan? Und was, wenn wir jetzt die alten Fotos aus dem Nähkastel nehmen und uns betrachten, wie wir seinerzeit im Irrtum der damaligen Mode Föhnfrisuren und grellbunte Kleidung getragen haben. Oder wie wir die Coolen, die Modischen, die Harten, die Gescheiten oder die Andersartigen zu spielen versuchten?

Und warum haben wir all das getan?

Wohl deshalb, weil wir selbst nicht von uns gewusst haben, wer wir eigentlich sind. Wir mussten uns zuerst im Aussen verlieren, um dann nach und nach zu uns zurückzufinden. Und dieser Weg, den wir damit angefangen haben zu gehen, dauert noch bis heute an.

Wenn also ein Ausblick gewagt werden soll, dann der, dass es so weitergehen wird, wie bisher. Auch unsere Kinder werden sich über die «heutige Jugend» beschweren. So wie dies die Erwachsenen zur Zeit *Platons* auch schon getan haben. Und auch unsere Kinder werden ihren Kopf schütteln, um dann später zu erkennen, dass Oberflächliches alles nur im Aussen stattfindet. Es ist dies die Vorbereitung darauf, das Innere und somit die Wahrheit zu finden. Und dem ist gut so.

Dennoch aber wird sich über kurz oder lang etwas ändern. Dies liegt an der Tatsache, dass die Menschheit selbst sich verändert. Denn alles ist Energie. Dieser Tatsache sind wir in den verschiedenen Büchern dieser Serie hier schon mehrmals begegnet. Und weil die Menschheit sich deshalb verändert, weil ihr Schwingungslevel sich anhebt, wird es Mode immer schwerer haben, den Ansprüchen und Bedürfnissen der Menschen zu genügen. Denn Mode bleibt nun mal oberflächlich und materiell. Und alles, was so ist, was uns also ans Irdische erinnert, schwingt zwangsläufig tiefer als all das, was in unserem Innern stattfindet. Und darum ist davon auszugehen, dass der Einfluss der Mode über kurz oder lang abnehmen wird.

Natürlich gibt es jetzt Leute, die sagen, dass Mode ja auch das Innere betreffen kann. Es wird da in erster Linie auf die Art und Weise, wie wir denken Bezug genommen. Aber modische Ansichten und Denkweisen verhalten sich eben anders als zum Beispiel Kleidermoden, weil sie sich im Mentalkörper jedes einzelnen von uns abspielen. Und alles, was mit Gedanken zu tun hat, ist immer einzigartig. Niemals können zwei Menschen den gleichen Gedanken gleich denken, weil sie niemals die gleichen Voraussetzungen dazu haben können, weil sie vorher immer einen anderen Weg gegangen sind.

Die Art und Weise, wie wir kognitiv funktionieren, ist bei jedem von uns anders. Zwar könnten gleiche Verhaltensmuster und Gewohnheiten darüber hinwegtäuschen, dass dem so ist. Aber Verhaltensmuster und Gewohnheiten spielen sich nicht im Mentalen, sondern im Astralen, also in unserer Gefühlswelt ab. Und somit haben sie mit Gedanken selbst nur wenig zu tun.

Wenn ein Ausblick in Bezug auf Mode gewagt werden darf, dann wohl dieser, dass Mode immer weiter suchen wird nach Extravaganz, und sich auf dieser Suche selbst verlieren wird. Was sich verliert, ist nicht mehr mehrheitsfähig. Und was nicht mehr mehrheitsfähig ist, rentiert nicht mehr und dient auch nicht mehr der Beeinflussung grosser Massen. Und so wird der Mode früher oder später das gleiche Schicksal widerfahren, wie es uns selbst auch widerfährt, wenn wir uns über Mode zu definieren versuchen: Mode wird ins Leere laufen, sich verflüchtigen und die Aufmerksamkeit der Menschen verlieren. Sie wird mit der «Modeströmung Kapitalismus» vergehen und neuen Einflüssen auf die Menschheit platzmachen. Wann dies sein wird, kann niemand sagen. Wie es geschehen wird, kann nur vermutet werden. Aber niemand vermag es, den momentan wirkenden Individualismus aufzuhalten – selbst Mode nicht. Und weil Individualismus der grösste Feind einer jeden Modeströmung ist, selbst wenn auch Individualismus eine solche Strömung zu sein scheint, wird aus Mode nach und nach das werden, was die Schöpfung für alle von uns vorgesehen hat. Nämlich, dass wir uns selbst werden und über unsere Vielfalt und Einzigartigkeit das Leben auf Erden zu schützen helfen. Denn das, was alle gleichmacht, kann missbraucht werden, um alle schlecht zu behandeln. Aber das, was alle einzigartig macht, kann niemals missbraucht werden. Im Gegenteil! Es kann nur dazu genutzt werden, das Leben auf Erden für jedes Lebewesen zu einem besseren Ort zu machen. Aber dies ist erst dann möglich, wenn wir Menschen damit aufhören, zu urteilen und zu verurteilen. Denn nur so kann Einzigartigkeit erwachsen. Und darum sollten wir auch nicht über Mode urteilen oder diese gar verurteilen. Denn wenn wir etwas bekämpfen, indem wir das Gleiche tun, wie das, was wir bekämpfen wollen, dann werden wir vor Ort treten und uns in etwas verlieren, was an Don Quichottes Kampf gegen die Windmühlen erinnert. Wenn wir das Ungeheuer aber in seinen Eigenheiten und Besonderheiten genau betrachten, dann werden wir bald erkennen, dass es sich nur um eine Windmühle handelt. Und Windmühlen sind nicht nur nachhaltig, sondern auch sehr hilfreich.

Lassen wir darum die Mode Mode sein. Und lassen wir denen die Auseinandersetzung mit ihr, die diese für ihre Entwicklung nötig haben und suchen. Wir selbst dürfen unsere Wege gehen. Und auch auf denen werden wir immer wieder auf Dinge treffen, die der Mode in ihrer Wirkung ähnlich sind und uns darum herausfordern, damit wir lernen dürfen.

Aber etwas steht noch an, bevor dieses Büchlein fertig ist. Wir wollen es im Schlusswort behandeln.

19 Schlusswort

Es gab Zeiten, da galt jemand als ausgeflippt, provokativ, andersartig und wohl auch irgendwie als mutig, wenn er sich einen Hahnenkamm hat frisieren lassen und diesen dann in grellbunten Farben gesprayt hat.

Dann gab es Zeiten, wo sich Menschen alle Haare abrasiert haben, um aufzufallen. Dies wirkte besonders bei Frauen, die doch lange Haare hätten tragen sollen.

Und um sich wiederum davon abzuheben, gab es Leute, die haben sich ihre Haare in auffälligen Farben gefärbt, so dass sie sich über die Entscheidung, ihre Haare zu färben, mindestens so lange für eine Modeerscheinung verpflichtet haben, wie es diejenigen taten, die sich die Haare wegrasiert haben.

Aber dennoch kann man Haare abschneiden, und meistens wachsen sie wieder nach. Und so sieht man nach spätestens zwei drei Jahren nichts mehr von dem waghalsigen Versuch, über Mode zu provozieren, ein Statement abzugeben oder fundamental anders zu wirken, weil man sein Äusseres verändert hat.

In der heutigen Zeit haben wir es aber immer mehr mit Moden zu tun, die nicht mehr «ausgewachsen» werden können. Denn wer seinen Körper mit Metallteilen spickt, auch Piercings genannt, oder wer Ohrläppchen aufschneidet, um entsprechenden Schmuck tragen zu können, oder wer Tattoos stechen lässt, der geht mit der Mode so weit, dass er Körperverletzung an sich selbst betreibt. Und so findet faktisch gesehen eine selbst herbeigeführte Integritätsverletzung statt, die momentan als modisch gilt, die aber bereits in fünf oder zehn Jahren völlig ausser Mode fallen kann. Und dann werden diese «Zeitzeugen» am eigenen Körper zu Warnungen werden, dass man sich zuerst überlegen sollte, was man tut, bevor man sich «auf ewig bindet». Denn selbst wenn Tattoos weggelasert und die Löcher der Piercings verheilen können, so bleibt im Körper immer eine Verletzung zurück. Jede Narbe hat energetisch gesehen ihre Wirkung. Sie wirkt auf der Ebene des Körpers, auf der Ebene der Gefühle und auf der Ebene der Gedanken. Wenn jemand das sucht und wirklich will, dann soll er das können und dürfen. Wenn jemand aber aufgrund von Modeeinflüssen unreflektiert mal loslegt und dann später mit mehr Wissen und mehr Erkenntnis feststellt, dass er sich mit Mode eine Hypothek aufgeladen hat, dann dürfte das zu psychischen Herausforderungen führen, die man ihm hätte ersparen können.

Es gab eine Zeit, da galt es für Frauen als schick, wenn sie sich ein Tattoo auf den unteren Rücken haben stechen lassen. Es wurden dann bauchfreie Topps getragen, damit man diese Tattoos immer sehen konnte. Und wenn sich die Trägerinnen dieser Tattoos bückten und die Hosen etwas nach unten rutschten, wurde ebenfalls der Blick auf diese Kunstwerke freigegeben. Es dauerte nicht lange, und man sprach nicht mehr von Tattoos, sondern von «Arschgeweihen», von «Arschvignetten» oder von «Schlampenstempeln». Und in der Folge davon zeigten die betreffenden Frauen ihre Tattoos nicht mehr offen. Sie überdeckten sie mit anders geschnittener Kleidung. Aber dennoch waren diese Tattoos da und erinnerten täglich daran, dass man sich einer Äusserlichkeit hingegeben hat, die man später dann wohl zumindest teilweise bereute.

Natürlich hat niemand zugegeben, dass er es bereut hat, sich ein solches Tattoo stechen zu lassen. Denn wer dies getan hätte, hätte ja damit zugegeben, dass er dumm gewesen war, als er sich so ein Ding hat stechen lassen und auch noch dafür bezahlt hat. Diesem Geld könnte noch mehr schlechtes Geld nachgeworfen werden, damit über mehrere Behandlungen das Tattoo entfernt werden kann. Oder man kann auch warten, bis die gleiche Mode wieder aufkommt. Aber der Autor hat in der momentan einhergehenden Tattoo-Mode kaum Hirschgeweihe ausmachen können…

Wie dem auch sei. Wer sich auf gewisse Modeströmungen einlässt, der verpflichtet sich länger und härter. Und dementsprechend könnte er es dann auch länger bereuen.

Auch in der Shoah wurden Menschen tätowiert. Damals mit einer Nummer auf dem Unterarm. Und auch Johannes schreibt in seiner Offenbarung vom «Zeichen». Er schreibt auch, dass dann, wenn alle das Zeichen tragen, der Teufel leichtes Spiel haben werde.

Wer den Fehler gemacht hat, ein Nacktfoto von sich aufs Netz zu stellen, der wird unter Umständen lange daran zu beissen haben, sofern man ihn auf diesem Foto eindeutig erkennen kann. Dies ist aber nur möglich, wenn man sein Gesicht sehen kann, oder aber wenn er ein eindeutiges Zeichen trägt. Ein Tattoo, eine Narbe oder ein Leberfleck sind ein solch eindeutiges Zeichen. Wer mit einem Leberfleck geboren wird, der muss sich niemals Vorwürfe deswegen machen oder gefallen lassen. Wer Narben trägt, weil das Schicksal es so mit ihm gewollt hat, der ist gezeichnet, aber nicht gekennzeichnet. Wer aber aus eigenem Willen ein bleibendes Zeichen auf seinem Körper anbringt, der vergibt sich damit selbstbestimmt seine Anonymität, die die Schöpfung ihm von Geburt auf geschenkt hat. Und über das bleibende Zeichen wird ein Mensch immer auf sein Äusseres reduziert werden können. Soll man sich dieser Möglichkeit aufgrund einer Modeströmung aussetzen?

Zu welchem Zweck werden Tieren Ohrmarken geknipst oder Brandzeichen gemacht?

Was denkt jemand, der einen Leberfleck im Gesicht trägt, wenn er jemanden sieht, der sich ein Tattoo im Gesicht stechen lässt?

Was denkt der Hellsichtige, wenn er die Aura an den Körperstellen betrachtet, wo diese tätowiert sind?

Der Autor urteilt und verurteilt nicht. Er kennt viele Menschen, die Piercings, Tattoos und dergleichen tragen. Er mag diese Menschen, egal wie sie aussehen. Es kommt auf die innere Schönheit drauf an. Aber gerade deshalb bleiben für den Autor Äusserlichkeiten überflüssig.

Und wohl darum geht es in diesem Schlusswort: Wir brauchen unserem Selbstwert und unserer Schönheit nicht über Äusserlichkeiten nachzuhelfen. Denn wir sind bereits wertvoll und schön. Wenn wir ein äusseres Zeichen brauchen, um uns daran festhalten zu können, oder um einen Umstand besser akzeptieren zu können, dann dürfen wir es gerne versuchen. Aber Äusserlichkeiten werden niemals das zu heilen vermögen, was in unserem Innern als Verletzung schmerzt. Im Gegenteil.

Wenn wir ganz werden wollen, wenn wir Heilung zu erfahren wünschen, dann führt der Weg nicht zu der Mode, sondern von der Mode weg. Um dies lernen zu dürfen, haben wir sehr lange Zeit. Mit Sicherheit haben wir mehr als ein Leben lang Zeit dafür.

Was mit denen ist, die ein Tattoo tragen, dieses aber lieber nicht mehr möchten? Nun, sie dürfen lernen, es lieben zu lernen. Denn es ist ein Teil von ihnen geworden. Es ist so schön, so einzigartig und so gut, wie sie selbst sind. Denn dann, wenn etwas Unmodisches zu etwas Persönlichem wird, dann entgleitet es dem brutalen Urteil der Mode und wird zur Einzigartigkeit. Und das ist es, was das Lebewesen auf diesem Erdenrund unantastbar macht und vor jedem ungerechtfertigten Zugriff schützt. Manche gehen einen einfacheren Weg, andere einen schwereren, um dies erkennen zu dürfen. Aber früher oder später kommen alle an.

Mode? Was ist das schon…

Wichtig ist nur, wer wir sind. Und wir sind das, was wir denken und fühlen, nicht was wir sehen, wenn wir in den Spiegel blicken.

Alles Gute auf dem Lernweg, sich selbst als Seele in ihrer allumfassenden Schönheit lieben zu lernen. Und alles Gute dabei, das Gleiche auch bei allen andern tun zu dürfen.

Das wünscht der Autor den Leserinnen und Lesern. Und er wünscht es der ganzen Welt!

Anmerkung:

Es bleibt eine Herausforderung, sich schriftlich so auszudrücken, dass jede und jeder sich angesprochen fühlt. Noch viel schwieriger ist es, so durchs Leben zu gehen, dass man jedem Lebewesen gerecht werden kann. Man muss zwangsläufig damit scheitern, wenn man Normen perfekt einhalten will oder wenn man zu hohe Ansprüche an sich selbst stellt.

Wohl auch deshalb hat der Autor in diesem Büchlein die geltenden sprachlichen Vorgaben in Bezug auf die Gleichstellung von Frau und Mann nicht korrekt einhalten können. Das tut ihm leid und er bittet die Leserschaft um Entschuldigung.

Aber vielleicht ist es auch nur eine Mode, die sich im Äussern abspielt, dass man Menschen über sprachliche Formulierungen anzuerkennen versucht. Vielleicht wäre es viel wirkungsvoller, wenn man Menschen losgelöst von Geschlechtsbezeichnungen und Äusserlichkeiten als integre Geschöpfe wertschätzen würde. Denn dann gäbe es keine ungleiche und somit ungerechte Behandlung mehr. Dann, wenn alle einzigartig sind, kann man Frauen und Männer auch nicht mehr in einen Topf werfen. Und dann fühlen sich Vertreter des einen Geschlechts auch nicht

mehr angegriffen, wenn von den Vertretern des
andern Geschlechts die Rede ist…

Titelverzeichnis des Verlags denkmalnach.ch

Die Titel sind wie folgt erhältlich:

- Als **Taschenbuch** zurzeit nur bei **amazon.de**
- Als **E-Book** im *Kindle*-Format bei **amazon.de** und immer mehr auch als *ePub* für **Tolino** bei **Weltbild, Thalia, Hugendubel etc**.
- Teilweise als **Hörbuch** bei fast allen Anbietern

Verlag: www.denkmalnach.ch

Autor und Suchbegriff: Michael von Känel

Bücher der Reihe *Spirituelles Wissen*:

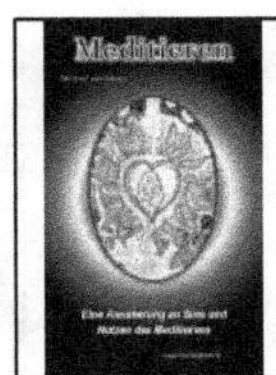

Meditieren
Eine Annäherung an Sinn und Zweck des Meditierens

	Heilen *Ein Crashkurs in energetischem Heilen*
	Heilen 2 *Unterstützende Ausführungen zum Crashkurs energetisches Heilen*
	Heilen 3 *Anwendungsbeispiele mit Skizzen zum Crashkurs energetisches Heilen*
	Heilen 4 *Grundsätze der Energiearbeit und des energetischen Heilens*
	Heilen 5 *Veranschaulichungen von Heilprozeduren und Heilungsprozessen*
	Sterben *Der Tod als unsere wahre Lebensversicherung*
	Der Antichrist *Der Versuch über unser Ego den Teufel zu erklären*

	Die innere Stimme *Wie wir uns von ihr führen lassen und ihr vertrauen lernen können*
	Die geistige Welt *Warum die Realität nicht mehr als ein Traum ist*
	Die Bewusstheit zu sein *Schranken des Lebens ablegen, um frei zu sein*
	Weisheit – Perlen und Irrtümer *Wie Weisheit erhebt oder verblendet*
	Quo vadis? *Geheimnisse über den Weg, den wir gehen*
	Heilen 6 *Energetisches Heilen und damit verbundene umfassendere Sichtweisen*

Bücher der Reihe *Gesellschaft verstehen*:

	Leben statt Arbeiten *Wofür es sich zu arbeiten lohnt und wofür nicht*
	Selbstwirksamkeit *Wie uns der gekaufte Komfort unserer Selbstbestimmung beraubt hat*
	Moderne Versklavung *Wie und wodurch wir täglich versklavt werden*
	Die Illusion wegessen *Überlegungen darüber, wie unsere Ernährung uns blendet*
	Tricks aus der Chefetage *Kaderbildung aus Sicht der Mitarbeitenden – und was es sonst noch über Hierarchien zu lernen gibt*
	Verbundenheit *Ein möglicher Einblick in die Welt des Seins*

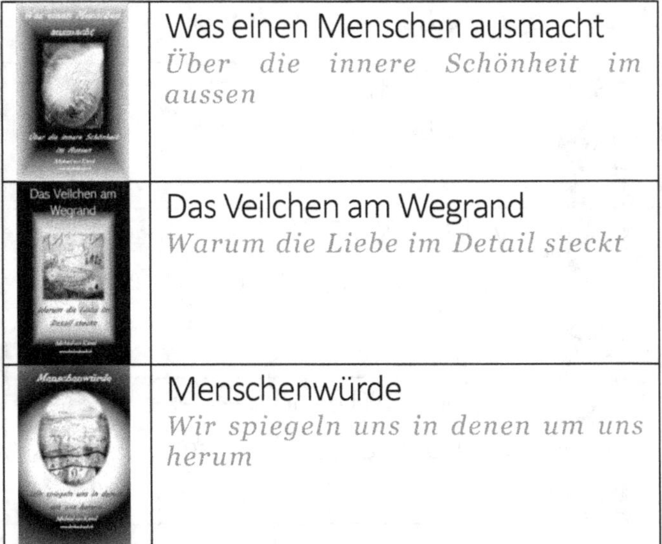

	Was einen Menschen ausmacht *Über die innere Schönheit im aussen*
	Das Veilchen am Wegrand *Warum die Liebe im Detail steckt*
	Menschenwürde *Wir spiegeln uns in denen um uns herum*

Bücher der Reihe *«Augenmerk Hochsensibilität»*:

	Band 1 – Portrait eines hochsensiblen Menschen *Einblick in den Werdegang und die Erfahrungen eines feinfühligen Menschen*
	Band 2 – Die Wahrnehmung eines hochsensiblen Menschen *Wie und was hochsensible Menschen wahrnehmen können und warum*
	Band 3 – Hochsensibilität in Verbindung mit Achtsamkeit *Was alles möglich wäre aus Sicht eines hochsensiblen Menschen*

Bücher der Reihe «*Vision 3000*»:

	Vision 3000 Band 1 – Die Welt ist im Wandel *Es stehen Veränderungen an...*
	Vision 3000 Band 2 – Veränderungen machen uns zu schaffen *Neue Denkansätze helfen*
	Vision 3000 Band 3 – Neue Denkansätze sind gefragt *Der Mensch hat das Potenzial zu antworten*

Romanserie mit spirituellem Hintergrund
Tränen des Drachen:

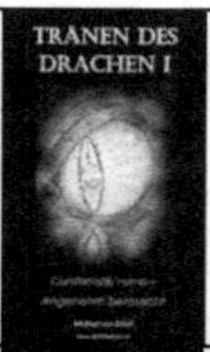	Tränen des Drachen – Band 1 *Comfortably numb – Angenehm berauscht*
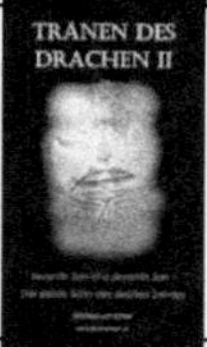	Tränen des Drachen – Band 2 *Seventh Son of a seventh Son –* *Der siebte Sohn des siebten Sohnes*
	Tränen des Drachen – Band 3 *Stairway to Heaven – Die Himmelsleiter*

	Tränen des Drachen – Band 4 *Child in Time – Ein Kind der Zeit*
	Tränen des Drachen – Band 5 *Warriors of the World – Krieger der Erde*
	Tränen des Drachen – Band 6 *The Good, the Bad and the Ugly – Der Gute, der Böse und das Hässliche*
	Tränen des Drachen – Band 7 *Holy Diver – Geweihter Taucher*

Serie *Philosophie und Bildung*:

	Philosophie und Bildung – Band 1 *Die Quadratur des Kreises* *20 Aufsätze zu Alltagsthemen – Neue Denkansätze für frische Köpfe*
	Philosophie und Bildung – Band 2 *Vom Blitz getroffen* *20 weitere Aufsätze zu Alltagsthemen – Neue Denkansätze für frische Köpfe*

	Philosophie und Bildung – Band 3 *Schwarzer Diamant* *20 weitere Aufsätze zu Alltagsthemen –* *Neue Denkansätze für frische Köpfe*
	**Die kleine Maus** *20 Naturgeschichten zum Nachdenken für* *Kinder und Erwachsene*
	**Richtig (v)erziehen** *Warum lieb sein zu Kindern böse ist*
	**Lehrermangel** *Warum der Lehrerberuf so anstrengend ist*
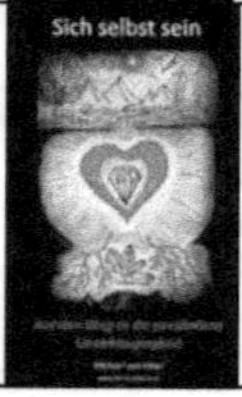	**Sich selbst sein** *Auf dem Weg in die persönliche* *Unabhängigkeit*

Serie *Arbeitsbücher der Achtsamkeit*:

	Arbeitsbuch der 7 Schlüssel *Charakterbildung leicht gemacht – Der Weg* *ans Licht*

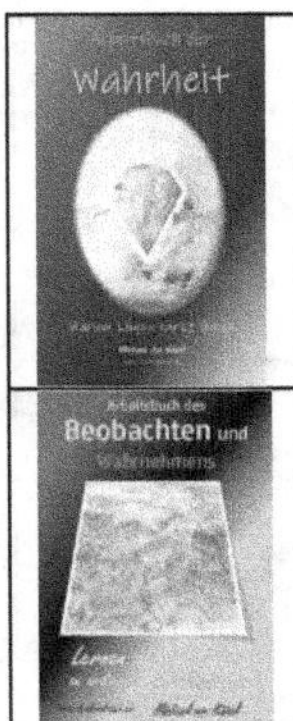

	Arbeitsbuch der Wahrheit *Warum Lügen kurze Beine haben*
	**Arbeitsbuch des Beobachtens und Wahrnehmens** *Lernen zu entdecken, zu erkennen und zu begreifen*

Serie *Übungsbücher der Achtsamkeit*:

	Übungsbuch der Spiritualität *30 Übungen zum Erfahren spiritueller Aspekte*
	**Übungsbuch der Achtsamkeit** *30 Übungen zum Erfahren, Beobachten und Wertschätzen*
	Übungsbuch der Selbstwirksamkeit *30 Übungen zum Erkennen, was möglich sein könnte*

Serie *The Best - The Rest – The Rare*:

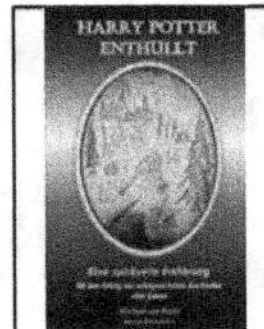	**Harry Potter enthüllt** *Eine spirituelle Erklärung für den Erfolg der erfolgreichsten Buchreihe aller Zeiten*

	Gesammelte Gedichte *40 gesammelte Gedichte mit Tiefgang, aus der Feder der Autorengemeinschaft www.denkmalnach.ch*
	E-Bike to work *Wie das Elektrovelo mein Leben verändert hat*
	Ein Quantum Trost *Für jeden Tag ein Bild und eine Aussage, um sich an die Hoffnung zu erinnern*
	30 Do or Don'ts *Warum wir Dinge tun sollten und warum nicht*

Bücher der Reihe *Erfolgreich durchs Leben*:

*Bereits komplett **als Hörbuch** erhältlich!*

	Teil 1 - Erfolgreich leben 1: Lernen mit Geld umzugehen; *Grundwissen über Geld und den Umgang damit als Basis für mehr Selbstwirksamkeit*
	Teil 2: Erfolgreich leben 2: Selbstsicherheit aufbauen; *Hinstehen und ohne Unsicherheit sich selbst sein dürfen*

 	**Teil 3: Erfolgreich leben 3**: Effizient Lernen; *Grundsätze des Lernens, die den Wissenserwerb erleichtern helfen*
	**Teil 4: Erfolgreich leben 4**: Sich Ziele setzen können; *Warum man Ziele nur erreichen kann, wenn man welche hat*
	**Teil 5: Erfolgreich leben 5**: Absichten durchschauen; *Was hinter dem Verhalten anderer Menschen und Institutionen steht*
	**Teil 6: Ursache und Wirkung 1**: Übergewicht verstehen; *Wie Übergewicht zustande kommt - und was man tun kann*
	**Teil 7: Ursache und Wirkung 2**: Streit entlarven; *Warum gestritten wird und wie man Streit vermeidet*
	**Teil 8: Ursache und Wirkung 3**: Trägheit ablegen; *Wie man den Weg zu einem aktiv gestalteten Leben findet*
	Teil 9: Ursache und Wirkung 4: Überdruss loswerden; *Lernen, die Dinge in einem positiven Licht zu erblicken*
	**Teil 10: Ursache und Wirkung 5**: Mangel beheben; *Vom inneren Mangel, der zu äusseren Mangelerscheinungen führt*

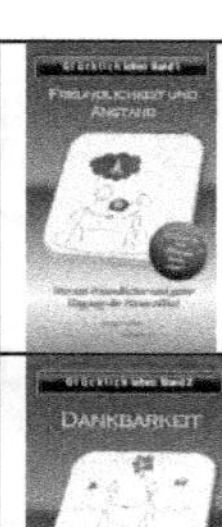	**Teil 11: Glücklich leben 1:** Freundlichkeit und Anstand; *Wie uns freundlicher und guter Umgang die Türen öffnet*
	**Teil 12: Glücklich leben 2:** Dankbarkeit; *Warum Dankbarkeit die Grundlage für ein glückliches Leben ist*
	**Teil 13: Glücklich leben 3:** Hilfsbereitschaft; *Was unsere Hilfe für andere Menschen bedeutet*
	**Teil 14: Glücklich leben 4:** Nächstenliebe; *Warum Nächstenliebe bei Selbstliebe beginnt und uns so das Glück finden lässt*
	**Teil 15: Glücklich leben 5:** Ethik und Moral; *Warum die ungeschriebenen Gesetze des Zusammenlebens für unser Glück so wichtig sind*

Bücher der Reihe *Die Wirkung von…* :

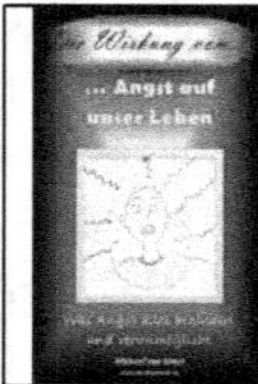	Die Wirkung von Angst auf unser Leben *Was Angst alles behindert und verunmöglicht*

	**Die Wirkung von Lärm auf unser Wohlbefinden** *Wie Lärm uns beunruhigt und uns Kraft raubt*
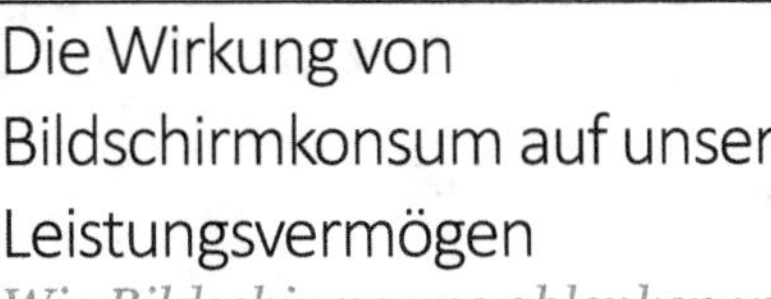	**Die Wirkung von Musik auf unsere Selbstwahrnehmung** *Wie Musik uns zentriert und beruhigt*
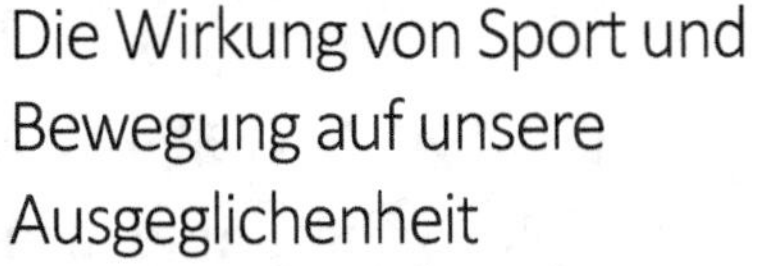	**Die Wirkung von Bildschirmkonsum auf unser Leistungsvermögen** *Wie Bildschirme uns ablenken und unsere Leistung senken*
	Die Wirkung von Sport und Bewegung auf unsere Ausgeglichenheit *Was Sport bewirkt und wann er nützt*
	Die Wirkung von Mode auf unsere Selbstachtung *Wie Mode uns beeinflusst und fremdbestimmt*
	Die Wirkung von Gewohnheit auf unsere Lebensführung *Was Gewohnheiten uns geben - und was sie uns nehmen*

<table>
<tr><td></td><td>Die Wirkung von Wasser auf unsere Gesundheit
Wie Wasser nicht nur unseren Durst stillt</td></tr>
<tr><td>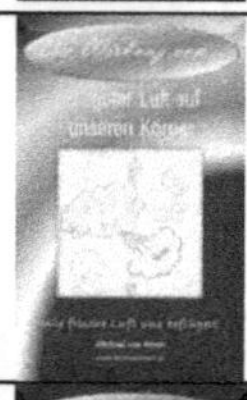</td><td>Die Wirkung von guter Luft auf unseren Körper
Wie frische Luft uns beflügelt</td></tr>
<tr><td>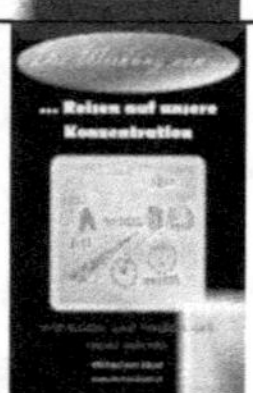</td><td>Die Wirkung von Reisen auf unsere Konzentration
Wie Reisen und Pendeln uns müde machen</td></tr>
</table>

Die Klappentexte zu den einzelnen Büchern sowie die Serienbeschreibungen sind in den Online-Shops beim jeweiligen Titel aufrufbar.

Verlag: www.denkmalnach.ch

Autor: Michael von Känel

Herzlichen Dank, dass Sie den Verlag unterstützen und weiterempfehlen!